상사 취향 저격,
**한 페이지**
보고서·기획서
**작성법**

1

# 상사 취향 저격,
# 한 페이지
## 보고서 * 기획서
# 작성법

ONE PAGE

삼성, LG, 한전 등
최고의 대기업들이
10년간 선택한
생생한 강의를 만난다

능력자는
한 페이지'로 기획하고
한 페이지'로 보고한다.

김용무 지음

팜파스

# 진상과 화상 사이,
# 그 멀고 먼 인식의 거리

## 김 대리의 마음 vs. 박 팀장의 마음

김 대리

제가 얼마나 노력했는지 아시나요?

"팀장님, 제가 이 기획안 작성하느라 이번 주 내내 밤늦게까지 야근했잖아요."

김 대리는 팀장이 준 과제에 대한 기획서를 작성하느라 얼마나 고생했는지 말하고 싶었다. 이번 기획서 작성을 위해서 직접 국회도서관까지 다녀오지 않았던가. 내심 팀장의 미소와 함께 "잘했어!"라는 칭찬을 기대하고 있었다.

그런데 팀장의 얼굴이 심상치 않다. 무언가 말을 할까 말까 입술을 씰룩거리더니, 긴 한숨과 함께 결국 말을 쏟아내기 시작했다.

"김 대리, 그런데 왜 기획서가 이 모양이야? 결론적으로 하고 싶은 말이 뭐야? 내용은 왜 이렇게 복잡해? 내가 언제 백과사전 만들라고 했어? 기획서를 만들어야 할 것 아니야? 이거 시행하면 어떻게 돼? 왜 이 방법이야? 꼭 이렇게 해야 돼? 이걸 내가 본부장님께 어떻게 보고하냐? 핵심만 간결하게 안 돼? 다시 써와!"

"네, 다시 써보겠습니다."

김 대리는 이렇게 대답하고 자리로 돌아오는데, 그 길이 멀기만 하다. 자신의 노력을 알아주지도 않고, 화만 내고 흥분하는 팀장이 야속하기만 하다.

'진짜 열심히 썼는데…. 내가 쓴 내용이 다 핵심인데, 여기서 또 어떻게 핵심만 다시 써? 뭐, 집에서 안 좋은 일이 있으셨나? 왜 열심히 하는 나를 못 잡아먹어서 난리야? 아우, 진상 팀장 만나서 정말 고생이네.'

 **박 팀장**  내가 얼마나 참고 있는지 아니?

"팀장님, 이 기획안 작성하느라 이번 주 내내 야근했어요."

김 대리가 제법 의기양양하게 다가온다. 이번 주 내내 늦게까지 일한 것은 알고 있었고, 자료를 찾기 위해 나름 고심한 흔적이 있었기 때문에 어찌 되었건 칭찬을 꼭 해주겠다고 마음먹는다.

"그래? 어디 김 대리 실력 한 번 봐야겠는 걸?" 하며 기획서를 펼쳤다.

그런데 순간 눈이 복잡하다. 이건 무슨 내용을 써놓은 것인지 전혀 눈에 들어오지 않는다. 목차에는 20개의 항목이 나열되어 있는데, 어떤 맥락으로 순서를 정했는지 전혀 알 수가 없다. 그래도 참았다. 오늘은 칭찬해주기로 마음을 먹었으니까!

다음 장을 넘기니 문서의 목적과 주요 흐름이 제시되어 있지 않고, 웬 소설 같은 내용이 들어온다. 계속 한 장씩 넘겨 가는데, 도대체 무슨 말인지 알아보기 힘들다. 각 장마다 빼곡하게 설명을 달아놓았는데 무슨 말을 하고 있는지 모르겠다. 그리고 이것저것 표와 차트를 만들어 넣어 두었는데 왜 들어가 있는지도 모르겠다.

게다가 수치들은 하나도 맞지 않았다. 이건 도대체 어디서부터 어떻게 손을 대야 할지 모르겠다. 본부장에게 이런 문서는 도저히 보고할 수 없다. 버럭 화를 내고 싶은 마음을 꾹꾹 눌러가며 이렇게 말했다.

"다시 써와. 핵심만 간결하게!"

'오늘 아침은 정말 기분 좋았는데, 저 화상 때문에 기분 다 망쳤네. 내가 저 화상 때문에 제 명대로 못살지.'

## 구조적 차이: 작성자와 검토자

많은 현장에서 일어나는 모습이다. 상사에게 한 소리를 들은 부하직원들은 상사의 질책 원인을 '상사의 성질'에서 찾는다. 자신이 열심히 한 것에 대해 알아주지 않는 상사의 마음에 대해 불평하며, 담배 한 모금이나 커피 한 잔으로 마음을 달랜다. 반면 상사는 부하직원들의 문서를 보며 자신의 명이 짧아짐을 느낀다. 시킨 것과 다른 문서를 써온 것은 말할 것도 없고, 기본조차 갖춰지지 않고 도대체 뭐라고 쓴 것인지 해석조차 할 수 없는 문서를 접하게 된다. '개떡같이 말해도 찰떡같이 알아듣는' 부하직원을 만나면 정말 업어주고 싶다. 그런데 가끔 만나는 '화상 같은 부하직원'들은 분명 '찰떡같이 말해주었는데도 개떡 같은 결과물'을 가지고 온다.

왜 이런 일들이 벌어질까? 이것은 문서의 구조적인 결함, 즉 작성자와 검토자의 관점 차이 때문이다. 즉 작성자 입장에서 쓰기 편한 문서가 있고, 검토자 입장에서 읽기 편한 문서가 있기 때문이다.

안타까운 것은 이 두 가지의 특징이 서로 완전히 다르다는 것이다. 작성자 입장에서 쓰기 편한 문서는 머릿속에 있는 내용을 그대로 써내려가는 것이다. 생각의 흐름대로 시간 순서대로 써가는 것, 자신이 알고 있는 것을 쓰는 것이다. 반면에 읽기 편한 문서는 검토자가 머릿속에 쉽게 정리할 수 있는 방식으로 작성되는 것이다. 즉 핵심이 명쾌하고, 결론이 명확한 것, 목적과 목표가 명확한 것이다.

안타까운 점은 작성자 입장에서는 '당연하게' 쓰기 편한 방식으로 문서를 작성하기 때문에 읽기 쉬운 문서를 만나기 어려운 것이다. 상사의 입장에서는 '내가 이런 문서를 읽으려고 팀장이 되었나?'라는 자괴감마저 들게 된다.

## 이 책의 콘셉트와 주요 흐름

이 책의 내용은 작성자와 검토자 사이의 간격을 어떻게 줄일 수 있을까에 대한 고민의 결과물이다. 현장에서 검토자에게 "작성자의 마음을 알고 잘 정리해서 읽으세요"라고 말하는 것은 비현실적이다. 그러므로 작성자가 어떻게 검토자의 방식으로 써갈 수 있는지를 알아야 한다. 검토자, 즉 상사의 관점에 완벽하게 맞춤된 문서를 만들 수 있도록 이 책은 다음과 같은 흐름으로 내용을 정리해보았다.

Chapter 1에서는 한 페이지 문서를 쓰기 위한 기본 전제를 정리했다. 문서를 둘러싼 작성자의 고민과 그 고민을 해결하기 위해 필요한

한 페이지 보고서의 원리를 설명했다.

Chapter 2와 Chapter 3에서는 어떻게 문서의 핵심을 기획하고 스토리라인을 만드는지 설명한다. 문서의 핵심을 준비한다는 것이 무엇인지, 어떻게 해야 체계적으로 준비할 수 있는지에 대한 내용이 담겨 있다.

Chapter 4에서는 간결하게 쓴다는 것은 무엇인가에 대해 정리해보았다. 좋은 문장, 술술 읽히는 문장을 쓰기 위해 고민하는 사람이라면 꼼꼼히 읽어볼 것은 권한다.

Chapter 5에서는 슬라이드로 보고서 작성을 많이 하는 현장의 필요를 반영하여, 슬라이드로 작성할 때 필요한 표현의 기술들을 설명했다.

각 장의 마지막 부분에는 사례 연구를 통해 각각의 내용이 어떻게 실제 업무에 적용될 수 있는지 제시하고 있다. 실제 현장에서 과제를 해결한다라고 생각하고 실습해보면 큰 도움이 될 것이다. 또한 중간중간에 실전에서 바로 활용할 수 있는 팁들을 넣어두었다. 고민하는 내용에 대한 팁을 확인하고 업무에 적용해본다면, 짧은 시간의 투자로 높은 효과를 얻을 수 있을 것이다.

## Chapter 3

# 한 페이지 보고서의 목차 구성

**Chapter 4**

# 한 페이지 문서 쓰기 :
# 핵심을 전달하는 기술로 프로처럼 써라

## Chapter 5

**한 페이지 슬라이드 :
격이 다른 명품 슬라이드로 표현하라**

# Chapter

# 1

# 한 페이지 보고서,
# 원칙을 알아야
# 고민이 풀린다

# 고민 1.
# 왜 내 문서는 항상 '욕'을 먹을까?

"두려움은 '무지'에서 온다. 문서 작성의 두려움, 스트레스를 극복하고 싶다면 좋은 문서의 조건을 기억하라. 그리고 그 조건을 만족시켜라."

한 방송사에서 '소개팅 후 연락이 없는 남자에게 어떤 문자를 보내면 좋을까?'라는 퀴즈를 낸 적이 있다. 다음 네 가지 중에 어떤 것이 정답이었을까?

1) 제가 마음에 안 드시나 봐요. 좋은 인연 만나세요.
2) 아침 술 드셔 보셨나요?
3) 저 많이 보고 싶지 않으세요? 내가 인심 한번 썼다. ^^
4) 공연 티켓이 생겼는데, 같이 가실 수 있나요?

대부분 강의 현장에서 많은 사람이 선택하는 답은 2번이나 4번이다(실제로 TV 프로그램에서 제시한 것은 4번이었다). 중요한 것은 이 TV 프로그램에서 한 명문대 심리학과 연구진이 이 문제를 해결해나간 방법이다. 그들은 '무엇이 정답이다'라고 말하지 않고, 먼저 좋은 문자 메시지의 조건들을 떠올렸다. 그 조건들은 다음과 같다.

- 상대가 거절을 해도 부담이 되지 않을 문자 메시지
- 메시지를 받으면 데이트 약속과 스케줄이 정해질 수 있는 문자 메시지
- '관심이 있구나'라는 것을 표현할 수 있는 문자 메시지
- 친구로서 접근할 수 있는 문자 메시지

무엇이 정답인가를 말하는 것보다 더욱 중요한 것은 좋은 문자의 조건을 아는 것이다. 그래야 정답에서 제시되는 문자 이외에도 다양한 상황에 맞게 '좋은 문자'를 보낼 수 있다.

## 불평을 분석하면 '좋은 문서'의 조건이 보인다

현장에서 문서 작성을 두려워하는 사람들을 보면, 대부분 상사의 질책이나 상사에게 들을 욕을 두려워한다. 형편없는 문서라는 상사의 질책과 함께 무능한 사람으로 평가될까 봐 두려워한다. 그런데 정작 문제는 상사의 욕을 먹는 대부분의 사람이 '왜 욕을 먹는지' 잘 모른다는 것이

다. 많은 사람이 자신이 작성한 문서의 내용에 문제가 있기보다는 상사의 변덕스러운 성격이나 기분에서 그 원인을 찾으려고 한다. 그런데 정말 그럴까?

좋은 문서의 제1 조건은 상사에게 칭찬을 받는 문서다. 상사의 칭찬을 받는 것은 실무자가 생산한 제품에 대해 소비자인 상사가 좋은 평가를 하는 것이다. 그렇다면 반대로 생각해볼 필요가 있다. 나의 문서는 왜 상사의 칭찬을 받지 못할까? 이 질문은 "현장에서 내가 제출한 기획서나 보고서에 대해 상사가 어떤 불평을 던지고 있는가?"에 대한 질문으로 구체화할 수 있다. 상사의 불평은 문서에 대한 불만, 즉 상사 맞춤 문서에 대한 조건을 표현하고 있는 것이다.

현장에서 직장인들에게 어떠한 불평을 듣는지 물어봤다. 다양한 상사들의 목소리를 들을 수 있었다. "도대체 뭔 말이야?", "이기 왜 갖고 온 거야?"라는 등의 말부터 시작해서 심지어는 "이게 기획서냐?", "내가 발로 써도 이것보다 낫겠다", "넌 뭐냐?", "너 대학 나오긴 한 거야?"라는 인격 모독형의 불평도 나왔다. 그중 가장 많이 나오는 유형을 꼽아본다면 다음과 같다.

1. 야! 내가 시킨 건 이게 아니잖아. 넌 내 말을 뭘로 들은 거야!
2. 이거 왜 가지고 왔어? 다른 방법은? 왜 이렇게 단세포적이야!
3. 뜬 구름 잡지 말고…. 좀 구체적으로 얘기해봐.
4. 그래서 나한테 어쩌라고? 어쩔 건데?
5. 이거 하면 어떻게 되는데? 열심히 하겠다는 거 말고 구체적으로

어떻게 하겠다는 거야?

6. 도대체 하고 싶은 말이 뭐야?

7. 이거 한국말 맞아? 읽어도 무슨 말인지 모르겠잖아!

8. 무슨 숫자가 이렇게 복잡해! 결론이 뭐야?

9. 좀 한눈에 들어오게 쓸 수 없냐?


상사의 스타일에 따라 불평의 버전이 달라지기는 하지만, 현장에서 문서를 본 상사들의 불평은 대부분 이렇다. 재미있는 것은 이러한 불평이 어느 특정한 상사만의 불평이 아니라는 점이다. 거의 모든 직장에서 기획서나 보고서를 받아든 상사들이 한숨을 쉬면서 부하직원들에게 던지는 불평이다. 어느 한두 사람의 말이 아니라, 대부분의 상사가 이러한 점을 불평하고 있다면 그 원인은 상사의 특수성이나 인격 등에서 찾기보다는 기획서나 보고서에서 찾는 것이 합리적이다. 즉 작성된 문서의 내용이나 문서를 쓰는 프로세스에 결함이 있기 때문에 상사의 불평이 쏟아져 나오는 것으로 보는 것이 더 맞다.


## 문서 작성이 두렵다면 좋은 문서의 조건을 기억하자

상사의 불만은 다양한 것 같지만, 결국 두 가지 얘기로 줄여볼 수 있다. 첫째는 내용이 잘 준비되어 있느냐의 문제다. 내용이 상사의 의도와 맞는지, 또는 상황 분석이 깊게 되어 있는지, 분석의 내용과 전략이 연관성을 지니는지, 기획의 내용은 체계적인지에 대한 요구 조건이다. 이러한 내용은 앞에서 제시된 1~5번의 불평과 연관된다.

둘째는 표현이 잘 되어서 문서 내용을 쉽게 알아볼 수 있느냐이다. 이러한 문제는 6~9번의 불평과 연관이 있다. 즉 한번 보면 바로 핵심 내용을 알 수 있는지, 맥락이 한눈에 들어오는지에 대한 불만이다.

이러한 두 가지의 측면의 결함이 상사의 불평을 야기하는 원인이라면 문서의 작성자, 특히 문서 작성이 두려운 사람은 꼭 기억해야 할 것이 있다.

우선 좋은 문서란, 단지 내용만 좋거나 또는 훌륭한 글 솜씨만으로 작성할 수 있는 것이 아니다. 좋은 문서의 핵심은 좋은 내용을 상대에게 잘 전달하는 데 있다. 따라서 명확한 핵심 내용을 준비해서 상대방이 명쾌하게 이해할 수 있도록 써야 한다. 단순히 글발이나 편집으로 승부할 생각이라면, 상사의 욕을 피할 수 없다.

동시에 좋은 문서의 평가는 상사에게 있다는 것을 기억해야 한다. 작성하는 자신이 보기에 좋은 문서, 자신에게만 만족스러운 내용이 좋은 문서가 아니다. 바로 상사가 보기에 좋고 내용이 잘 준비된 문서가 좋은 문서이다. 문서 작성과 준비는 '내'가 하지만 평가는 '상대', 즉 상사가 한다. 그렇다면 문서를 준비해가는 모든 과정에서 '상사'의 필요와 관점을 고민해야 한다.

대부분의 직장인은 보고에 들어가기 전에 '상사'를 고민하기 시작한다. 그래서 직장 생활의 노하우가 쌓여 있는 사람들은 임원 보고 전에 임원의 심기를 살핀다. 이와 마찬가지로 좋은 문서를 작성하는 사람은 보고 시점이 아니라 문서의 내용을 준비하는 첫 단계부터 상사를 고민한다. 즉 문서의 고객이 누구인지 명확하게 파악하고, 문서를 작성하는 과정 내내 고객을 염두에 두고 써내려간다.

## 02

# 고민 2.
# '노오력' 하는데 왜 티가 안 날까?

"한 게 뭐야?"

현장에서 듣게 되는 참 섭섭한 말이다. 상사의 이 한마디에 나의 무수한 시간이 무의미하게 먼지처럼 사라진다. 더 참담한 것은 한 게 뭔지 정작 '할 말이 없다'는 점이다. 일주일 동안 열심히 시장 보고서를 썼고, 제품 설명회를 준비했고, 성실하게 업무에 임했는데 뭘 했는지 말할 '거리'가 없다.

한 해가 지나가는 시점에 업무 평가 보고서를 쓰기 위해 성과를 정리하는 자리에서도 똑같은 문제가 발생한다. 분명 1년 내내 열심히 뛰었고, 열정을 다 쏟았다. 그런데 연말에 성과를 정리하려고 하는데 쓸 말이 없다. 나의 노력이 부족했던 것인가? 그럼 내년에는 '노오력'하겠다고 말을 해야 하나?

## 지식 근로자와 문서 능력

업무 현장에서 쓸 말이 없는 이유는 뭘까? 이를 이해하기 위해서는 피터 드러커가 《자기경영노트》에서 언급한 지식 근로자의 업무 특성을 이해해야 한다. 피터 드러커는 '지식 근로자는 스스로 방향을 정하고 그 방향은 목표 달성에 초점을 맞춰야 한다'고 설명한다. 따라서 생각하는 것이 지식 근로자의 일이라고 말한다.

오늘날 현장에서 일하는 대부분의 사람은 지식 근로를 한다. 특히 보고서, 기획서를 많이 써야 하는 사람들은 업무의 성격상 지식 근로의 비중이 크다.

그런데 지식 근로는 업무의 본질이 '생각'이다. 그리고 그 생각은 내가 얼마나 열심히, 치열하게 했는지를 보여줄 수 없다. 아침부터 눈을 감고 신제품 프로모션 방안을 열심히 고민하고 있는데, 이런 나를 보면서 상사는 "너는 오자마자 자냐?"라고 말한다.

생각을 할 때 우리의 치열함은 보이지 않는다. 치열하게 생각하고 있는 것과 멍 때리고 있는 모습은 상사의 눈에 큰 차이가 없다. 업무를 위해 생각하고 있는지, 점심 때 뭘 먹을지 고민하는 모습은 똑같다.

또한 일의 결과물 역시 생각이다. 우리는 정보, 전략, 아이디어, 개념 등을 생산하며 이러한 생산물들은 생각으로 존재한다. 업무의 결과물이 고객인 상사에게 전달되기 위해서는 어쩔 수 없이 문서라는 형태로 정리되어야 한다. 따라서 문서가 허접하면 나의 생각이 허접해 보인다. 지식 근로자로서 나의 생각이 허접해 보인다는 것은 내가 일을 허접하게 한다는 것이다.

예를 들어 다음 현장의 문서를 살펴보자.

1111호선 A101+A131 BLK 탑재 시 LS08 LONGI에 설치된 PIPE가 선 탑재된 B121 BLK의 GRATING 하부에 설치되는 PIPE가 되어 A101 탑재 시 PIPE를 철거한 후 BLK 탑재 및 SEET'G 하게 되어 위험 고소 구역 작업 및 탑재 시간이 과다 소요됨

이 문서는 현장에서 일을 잘하는 사람이 쓴 개선 제안서의 내용이다. 그런데 이 문장을 보면 내용 자체를 이해하는 것도 쉽지 않다. 이를 본 상사가 "김 과장, 역시 일 잘해!"라고 말할 리가 없다. "얘 뭐라는 거냐?" 라면서 이 문서를 접어둘 가능성이 높다. 잘한 일을 제대로 전달하지 못하면, 제대로 인정받기 어렵다.

## 노력이 부족한 게 아니라 노력이 티가 나지 않는 게 문제다

우리 대부분은 실무자로 일을 한다. 실무자로서 열심히 업무를 계획하고 내용을 준비한다. 그리고 우리가 준비한 모든 것은 대부분 상사에게 문서로 전달된다. 높은 사람들일수록, 또 본사에 있는 사람들일수록 대부분 업무의 결과물을 문서로 받는다. 대부분의 사람이 자신이 수행한

업무의 결과 자체로 평가받을 것이라 생각한다. 하지만 실제로 우리는 '보고되어 상사의 머리에 남은 결과'로 평가받는다. 따라서 일한 결과를 제대로 전달하지 못한다면 제대로 인정받기 쉽지 않다.

이런 점에서 모든 직장인은 문서 작성 능력을 키워야 할 필요가 있다. 간혹 자신의 업무와 문서가 관련이 없다는 생각으로 문서의 중요성을 인식하지 못하는 사람들이 있다. 하지만 어떤 직종이나 어떤 업무를 하든 문서는 나름의 중요한 가치가 있다. 예를 들어 영업 직군에 있는 사람들과 외국계 회사에 다니는 사람들을 생각해보자.

영업 현장에서는 숫자가 좋으면 모든 것이 좋다. 숫자가 좋으면 굳이 문서를 잘 쓰지 않아도 된다. 그 '좋은 숫자'만 전달해도 만사 오케이다. 그러나 문제는 숫자가 좋지 않은 시기이다. 이런 경우 상사는 쌍심지를 켜고 영업 담당자를 쳐다본다. 숫자가 안 좋은 상황에서 '저 녀석은 어떤 생각을 하는지' 보게 되고, 별 생각이 없어 보이면 그 담당자가 미워진다. 심지어 숨 쉬는 것까지도 눈에 거슬리기 시작한다.

담당자로서 아무리 고민해도 당장 움직이는 게 보이지 않으면 상사의 이런 눈총을 피하기 쉽지 않다. 이런 경우라면 담당자인 자신의 생각을 문서로 정리해서 지속적으로 잘 전달할 필요가 있다. 그래야 상사도 윗분께 보고할 수 있는 거리가 생기기 때문이다. 좋지 않은 상황에서 손 놓고 있지 않음을, 나름 치열하게 고민하고 있음을 전달해야 한다.

외국계 회사에서 일하는 사람들 역시 문서 수준을 높일 필요가 있다.

외국계 회사의 경우 대부분 본사가 멀리 있다. 이런 경우 한국에서 나의 업무를 제대로 전달할 수단은 많지 않다. 나를 평가하는 사람과의 거리가 멀기 때문에 열심히 일한 내용이나 좋은 생각들을 나누기가 쉽지 않다. 이러한 상황에서 평소 문서의 수준을 높여둔다면, 그래서 지속적인 제안과 공유로 자신의 업무를 제대로 어필할 수 있다면 윗사람들에게 자신의 가치를 어필할 수 있다.

노력이 부족한 게 아니다. 나의 노력이 낭비되고 티가 나지 않는 것이 문제다.

# 문서의 수준이
# '나의 업무 수준'이다

## 03

고객이 서비스에 대해 느끼는 만족은 고객의 기대 수준과 이에 대한 서비스의 제공 수준에 따라 달라진다. 자신의 기대를 완벽하게 충족하면 만족한다. 기대를 뛰어넘는 수준은 '감동'이 된다. 기대에는 못 미치나 어느 정도 수용할 수 있는, 2% 모자라는 수준은 '납득'이다. 즉 감동>만족>납득의 수준을 생각해볼 수 있다. 이와 더불어 납득에도 미치지 못하는 다음의 하위 단계를 생각해볼 수 있다.

• **불만** 자신의 기대 수준에서 많이 떨어지기는 하지만, 이전의 경험을 통해 이런 수준의 괴리에 대해 용납할 만하다.

• **폭발** 예상을 뛰어넘는 형편없는 수준. 당황스러운 마음에 고객 스스로도 어떻게 대응해야 할지 모르는 상황이다.

만약 고객 입장에서 '만족'의 느낌을 받는다면, 언제라도 믿음을 가지고 서비스를 이용할 수 있다. 매번 '감동'의 느낌을 받는다면 고객은 곧 '팬'이 된다. 반면에 고객이 서비스 수준에 불만을 갖게 된다면 고객은 가능하면 그 서비스를 이용하지 않으려 할 것이다. 만약 '폭발'을 경험했다면, 그 고객은 절대로 그 서비스를 이용하지 않을 것이며, 자신의 주변 사람들에게도 이용하지 않도록 권할 가능성이 크다.

## 스스로 점검하는 비즈니스 문서 수준의 5단계

내가 현장에서 제공하고 있는 문서의 수준을 이러한 척도로 생각해보면 어떨까? 상사나 동료가 서비스를 받는 고객이고, 상사나 동료에게 전달하는 나의 문서가 '서비스의 내용'이라면 어떤 평가를 받을까? 아쉽게도 현장에서는 잘 작성된 문서라고 해봐야 '고객 납득'의 수준인 경우가 많다. 상대방이 표면적으로 요구한 내용만 담고 있거나, 또는 내용이 약간 빈약해서 받아보는 사람이 조금이라도 손을 꼭 봐야 하는 경우가 대부분이다. 문제는 괜찮게 작성된 문서의 대부분이 납득 수준에 머문다는 것이다. 많은 경우 상대의 기대에 훨씬 못 미치는 '불만'과 '폭발'의 상태다.

상대가 요구한 내용과 상관없는 문서를 작성해서 올리고, 상대가 도대체 무슨 내용인지 알 수 없는 문서를 작성하기도 한다. 상대의 시간이나 상황은 전혀 배려하지 않고 작성자의 입장만을 강조하거나, 상대방의 입장에서는 감을 잡을 수 없는 내용을 가지고 작성자 자신의 소신이라며 주장하기도 한다. 상대의 입맛에는 전혀 맞지 않는데, 자신의 것이 정답이라며, 문서를 이해하지 못하는 것은 상대방의 '무지함' 때문이라고 탓하기도 한다.

실제 고객 서비스 현장에서 이런 모습은 전혀 상상할 수 없다. 고객이 시킨 음식과 다른 것이 배달되었을 경우, 고객에게 그냥 먹으라고 하는 사람은 없다. 또한 고객이 음식을 다시 가져오라고 했을 때 '분노'하는 사람도 없다.

그런데 업무 현장에서 고객이라 할 수 있는 '상사와 동료'들이 문서에 대해 부정적인 피드백을 하면 많은 사람이 이렇게 반응한다.

'저사람 왜 이리 까칠해!'

'제대로 시켜야 할 것 아니야!'

'항상 저래! 문서를 일찍 보고할수록 나만 피곤하니 문서는 늦게 제출해야 돼.'

이러한 상황이다 보니 현장에서 상사의 기대 수준에 꼭 맞춘 문서를 작성하는 '고객 만족'의 서비스를 제공하는 직원만 되어도 상사의 높은 신뢰를 받게 된다. 그리고 어려운 보고 내용이 있거나 또는 중요한 일이 있다면 상사는 반드시 이런 부하직원에게만 부탁하게 된다. '고객 감동' 수준의 문서를 작성해서 상사의 필요한 부분을 짚어주거나 또는 상사가 미처 생각하지 못한 내용을 제대로 짚어주는 경우는 회사 내에서

## 표 1 ▶ 문서 서비스 수준과 고객 반응

| | 문서 서비스 수준 | 고객 반응 |
|---|---|---|
| 상사<br>감동 | 1. 상대의 표면적 지시뿐만 아니라 의중을 정확히 알고 작성했다.<br>2. 상대의 입장을 배려해서 알고 있어야 하는 사항을 별도로 조언한다.<br>3. 상대가 시키지 않아도, 상대가 필요한 시기에 따라 적절한 자료 및 문서를 제공한다. | 제공된 내용에 대해 100% 신뢰를 갖는다. 또한 항상 제공자에게 고마운 마음을 갖는다. |
| 상사<br>만족 | 1. 상사의 지시 내용을 명확하게 이해하고 작성했다.<br>2. 상사 입장에서 더 이상 손을 보지 않고도 문서를 보고할 수 있다.<br>3. 작성 기한을 충분히 남기고 문서를 보고해서 상사의 생각이 반영될 수 있는 기회를 제공한다. | 시킨 업무에 대해 성실하게 해주는 점을 고마워한다. '일을 잘하는 사람'이라고 평가하기도 한다. |
| 상사<br>납득 | 1. 상사의 표면적 지시 내용을 따르기는 하나, 그 의미를 명확하게 이해하지 못하고 작성한다.<br>2. 요청한 자료를 작성하기는 하나, 깊이 있는 의미와 대안을 제시하지는 못한다.<br>3. 제시된 납기를 맞추기는 하나, 거의 기한에 맞춰서 문서를 제공한다.<br>4. 제공된 내용은 상사가 다시 꼭 손을 봐야 한다.<br>5. 상사가 요청한 이외의 내용을 질문하면 다시 확인하겠다는 말을 한다. | '열심히 했네'라는 정도의 평가를 받는다. '잘했어!'나 '고맙다'라는 말은 거의 듣지 못한다. 상사가 다시 손을 봐서 문서를 보완한다.<br>제공된 내용에 대해 상사가 다시 손을 대고, 재수정 및 보완을 요청한다. 가끔 "생각 좀 해라"는 불평을 듣는다. |
| 상사<br>불만 | 1. "이게 도대체 뭔 소리야?"라는 말을 자주 듣는다.<br>2. 작성한 내용에 대해 으레 몇 번은 재작성을 요청받을 것이라는 생각으로 쓴다.<br>3. 납기 기한을 살짝 넘기거나 상대가 물어야 결과물을 가지고 온다.<br>4. 제시된 자료에 대해 상사가 물을 때, 내용을 제대로 답변하지 못한다. | 중요한 업무는 잘 시키지 않는다. 제공된 내용에 대해 문제는 없는지 질문을 많이 던진다. 작성된 내용은 으레 상사가 다시 손을 봐서 재작성을 지시한다. 문서 작성을 시킬 때마다 '잔소리'를 많이 한다. |
| 상사<br>폭발 | 1. 상사가 지시한 내용과 다른 내용을 작성한다.<br>2. 내용에 실수가 많고, 자신이 무슨 내용을 얘기하고 싶은지 잘 모른다.<br>3. 문서 작성은 원래 힘들고 어려운 것이니, 작성하면 반드시 욕을 먹는 것이라고 생각한다.<br>4. 상사가 질문을 많이 하면, '왜 나만 갖고 이러나'라는 생각을 한다.<br>5. 다른 일 때문에 상사가 지시한 문서가 많이 연기된다. 상사가 어떻게 되었느냐고 물으면 보통 "아직 못했는데요"라는 말을 많이 한다. | 문서를 가지고 오면 상사의 혈압도 높아진다. 대부분 먼저 한숨을 쉬거나 담배에 불을 붙이기 시작한다. 하나하나 고치는 것보다, 차라리 상사 스스로 '내가 쓰는 게 낫겠다'라는 생각을 한다. 문서를 검토하다가 화를 주체하지 못하고 광분하기도 한다. |

신화적 인물이 되기도 한다. 먼저 앞의 표 〈문서 서비스의 수준과 고객 반응〉의 특징을 먼저 살펴보자. 그리고 내가 제공하는 문서 서비스는 어떤 수준에 있는지 확인해보자.

## 문서의 수준이 '나의 업무 수준'이다

앞에서 제시된 모습들 중 고객 감동의 모습은 꼭 직장 생활을 오래 해야만 보여줄 수 있는 것이 아니다. 예를 들어보자. K 주임은 상사와 미팅을 다녀오면 항상 시키지 않아도 미팅 리포트를 작성해서 상사와 공유한다. 팀에서 회의를 하면 회의 내용을 깔끔하게 정리해서 팀원들에게 공지한다. 누가 봐도 고객 감동의 모습이다.

상사가 "금요일까지 보고서 작성해줘!"라고 지시하면 수요일 오전에 초안을 가지고 온다. 그리고 상사의 생각을 묻고 피드백을 반영해서 문서를 재정리한다. 매번 상사 입장에서 손을 볼 필요가 없는 문서를 만들어온다. 이것이 고객 만족의 수준이다.

이렇게 업무를 할 수 있다면, 상사가 감동하고 만족한다. 그리고 스스로 생각하며 일하고, 좋은 피드백을 받기 때문에 일이 재미있다.

커피 자판기에서 밀크커피를 누르면 당연히 밀크커피가 나온다. 주스를 누르면 당연히 주스가 나온다. 커피를 눌렀는데 주스를 기대하는 것은 '바보'다. 마찬가지로 상사 폭발의 문서를 쓰면서 상사의 칭찬을 기대하는 것 역시 '바보'다. 상사가 폭발하고, 불만을 표출하는데 일이 재미있을 수 없다.

이제부터 나의 격(Dignity)을 지키자. 인정받고 칭찬받을 수 있는 문서를 작성하자. 나의 문서 수준이 나의 업무 수준이다. 수준을 높일 수 있다면, 문서는 재미있는 생각의 놀이가 된다.

## 04

# 수준 높은 문서의 조건:
# 올바른 내용과 알기 쉽게

수준 높은 문서란 어떤 것일까? 그 정의를 명확하게 할 필요가 있다.

"좋은 문서란, '올바른 내용'을 '알기 쉽게' 쓰는 것이다."

이렇게 정의한다면 두 가지의 핵심어를 뽑을 수 있다. 바로 '올바른 내용'과 '알기 쉽게'다.

그렇다면 이 두 가지 중에서 뭐가 더 중요할까? 굳이 우선순위를 정한다면 '올바른 내용'이다. 내용이 올바르지 않는데 '알기 쉽게'만 쓰면 안 된다. 정말 큰일 난다. 내용이 올바르지 않다면 어렵게 써라. 이게 더 지혜롭다. 그래야 "제가 쓴 내용은 그런 뜻이 아닙니다"라고 발이라도 뺄 수 있다. 즉 내용이 올바르지 않다면 쓰기를 시작하면 안 된다.

이런 정의를 기억한다면 현장의 문서 작성 시 바뀌어야 할 점이 있다. 바로 문서 작성의 프로세스다!

## 욕먹는 사람의 프로세스

현장에서 강의를 하다 보면 문서 작성을 할 때마다 욕먹는 사람들의 공통적인 모습이 보인다. 바로 다음과 같은 프로세스로 문서를 작성하는 사람들이다.

### 문서를 못 쓰는 사람의 프로세스

예를 들어, 경영 기획 본부장이 김 과장에게 "상반기 워크숍을 기획해봐!"라고 지시했다고 가정해보자. 문서 작성을 잘 못 하는 사람들은 지시를 받으면 바로 쓰기 시작한다. 대부분의 경우 쓰다가 글이 막히면 다 지우고 다시 쓴다. 그러다 또 막히면 보통은 담배를 피우러 나가거나 또는 나가서 차를 마신다. 그리고는 "바빠 죽겠는데 별 쓸데없는 문서를 작성해야 하는 일이 생겼다"고 투덜거린다. 또는 '이 일은 박 과장 일인데…. 쩝, 말씀드릴까?'라며 깊은 고민을 한다. 하지만 다시 마음을 다잡고 의자에 앉아서 써보지만 쓰다가 또 막힌다. 그러면 "에이, 내일 하자"라며 퇴근한다. 이러한 프로세스는 날마다 반복되고, 결국 기한이 다 되어서 본부장이 호출하면 빈손으로 가기도 한다. 그리고 이렇게 보고한다.

김 과장    본부장님, 제가 열심히 알아봤는데 이번 워크숍은 이렇게 가시죠.

본부장    왜?

김 과장    여러 사람에게 확인해보니, 이 방법이 좋답니다.

본부장    그래? (저걸 어떻게 하나, 저 화상.)

이런 프로세스로 문서를 작성하는 사람들은 대부분 문서 작성을 못하는 사람들이다. 또 문서를 작성했다 하면 상사에게 욕먹는 사람들이다. <표 1>에서 살펴본 유형 중 상사 불만과 상사 폭발을 야기하는 사람들이다. 무엇이 잘못된 것일까? 이들은 먼저 문서 내용, 즉 '무엇을 써야 할지'를 '생각'하지 않고 썼기 때문이다.

## 칭찬받는 사람은 프로세스가 다르다

그렇다면 문서 작성을 잘하는 사람은 어떤 모습일까? 그들에게는 다른 프로세스가 있다.

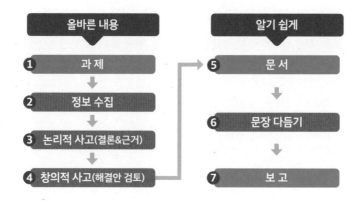

문서를 잘 쓰는 사람의 프로세스

그들은 우선 과제를 명확하게 파악한다❶. 본부장이 요청한 주제가 전사 워크숍인지, 본부 워크숍인지를 먼저 파악한다. 그리고 이번 워크숍의 목적은 무엇인지 지시를 받는 자리에서 세심하게 확인한다. 확인한 결과 과제는 본부 워크숍이고, 목적은 본부 단합이었다.

그렇게 확인한 이후 정보를 수집한다❷. 과거에 갔던 사례는 어떠했는지, 최근 타 본부에서는 어떻게 다녀왔는지, 타사는 어떻게 가는지를 확인한다. 그리고 여러 안이 나왔다면 '목적과의 적합성', '인원들의 선호도', '기타: 예산, 일정' 등의 기준으로 최적 안을 도출한다❸. 이후 정해진 최적 안을 어떻게 실행할지 세부 계획을 세운다❹.

그다음에 문서 작성을 시작한다❺. 그리고 문서를 쓸 때는 상사가 좋아하는 스타일에 맞춰 문서를 다듬는다❻. 그런 후 문서를 보고한다❼.

이것이 칭찬받는 사람들의 프로세스다. 이렇게 작성하면 크게 두 가지의 차별화가 생긴다.

<u>첫째, 짧은 시간에 효과적으로 준비할 수 있다.</u> 내용을 준비하는 프로세스를 알고 있기 때문에 썼다 지웠다 하는 시간 낭비를 피할 수 있다. 그 결과 고객이 원하는 시간까지 제대로 된 결과물을 보고할 수 있다.

<u>둘째, 상사가 무슨 질문을 던져도 제대로 보고할 수 있다.</u>
아주 까칠한 본부장이라고 가정해보자.

김 과장   본부장님, 말씀하신 본부 워크숍은 이렇게 준비해봤습니다.

본부장   다른 본부는 어떻게 간데?

김 과장   예, 타 본부는 최근에 이렇게 다녀왔고 타사에서는 이렇게 다녀온 사례가 있습니다. 전문가들의 조언을 구해보니, 이게 트렌드 같습니다.

본부장   왜 이 방법이 좋은데?

김 과장   예, 우선 말씀하신 목적에 딱 맞습니다. 동시에 직원들의 선호도가 높습니다.

본부장   다른 것은 없나?

김 과장   예, 이것 말고 두세 가지 안이 더 있습니다.

프로세스에 따라 준비했을 뿐인데, 본부장의 모든 질문에 대해 막힘없이 답이 나온다. 이것이 왜 중요할까? 앞에서 말한 것처럼, 지식 근로자는 생각하는 것이 일이어서 일한 티를 내기 쉽지 않다. 우리는 눈 아래 생긴 다크서클로 일한 티를 내는 게 아니다. 무언가를 보고할 때 상사의 질문에 막힘없이 답이 나올 때 일한 티가 난다. 상사는 '아, 김 과장이 정말 열심히 일했군. 믿음이 가네!'라고 생각하게 된다.

자신 있게 보고하고 싶다면, 프로세스가 바뀌어야 한다. 일을 잘하는 사람들은 짧은 시간을 투자해 더 좋은 결과를 낸다. 바로 프로세스가 다르기 때문이다.

# 올바른 내용,
# 확신이 있어야 설득할 수 있다

문서를 받아보는 상사는 내용의 정확성이 궁금하다. 그래서 이 내용이 맞는지, 이 내용을 결재해도 되는지 고민한다. 문서 내용이 말이 안 되거나 앞뒤가 맞지 않거나 근거가 부족하면 질문이 쏟아진다. 그런데 상사의 질문에 그 자리에서 확신을 갖고 답을 하는 사람들이 많지 않다. 질문을 하는 상사의 직급이 높을수록 실무자의 목소리는 점점 작아진다. 자신이 작성한 문서의 내용에 확신이 없기 때문이다. 문서의 내용이 설득력이 있으려면 작성자 스스로 '올바른 내용'이라고 믿을 수 있어야 한다.

올바른 내용을 준비하라고 하면 산더미 같은 자료를 가지고 오는 사람들이 있다. 또 올바른 내용이라고 하면 최신의 자료가 전부라고 생각하는 사람들이 있다. 그런데 문서의 올바른 내용을 제대로 인식하기 위해서는 먼저 결론을 정확하게 이해할 필요가 있다.

# 올바른 내용의 이해 1. 결론

사장이 당신의 팀에게 "A 시장에 진입해야 되는가?"에 대해 보고해줄 것을 지시했다. 당신의 팀은 한 달 내내 이 내용을 준비해서 자료를 만들었다. 주요 내용은 다음과 같다.

---

### A 시장 진입 관련 보고

○○○ 팀

**1. A 시장의 최근 성장세 및 시장의 현황**
　1) A 시장은 최근 5년간 연평균 10%의 성장세를 보이고 있으며 ＿＿＿＿ 판단됨
　2) A 시장의 현재 규모는 ○○○억 원 수준이며 ＿＿＿＿ 는 ○○○○ 수준으로 전망됨

**2. 주력 판매 기업 : ##사, ##사**
　- 현재 주력 기업들은 ＿＿＿＿ 이며, ＿＿＿ 한 모습으로 시장을 주도하고 있음

**3. 타사 사례를 통한 소비자 니즈 분석**
　- 시장에서 나타나는 소비자 주요 니즈의 키워드는 ＿＿＿ 으로 판단됨

**4. 타사의 성공 사례 분석**

**5. 결론**
본 시장에 진입하기 위해서는 시장의 수익성 및 경쟁 동향을 충분히 분석할 필요가 있음

---

이런 보고서를 올린다면 당신의 팀은 사장의 욕을 피해갈 수 없을 것이다. 왜 그럴까? 문서의 결론을 살펴보면, 과제와 동일하다. 과제가 '진입할지 조사하라'인데, 결론은 '진입하기 위해서는 조사가 필요하다'이다. 때문에 이 문서는 전혀 가치가 없다.

그런데 현장에서는 이런 류의 문서가 적지 않다. 정보가 부족해서 그런 것이 아니라 결론을 잘못 이해하고 있기 때문이다. 대부분 결론이 하고 싶은 말의 요약이라 생각한다.

그러나,

"문서의 결론은 과제에 대한 답변의 요약이 되어야 한다."

결론을 이렇게 정의한다면 세 가지 키워드를 이해할 수 있다. 바로 과제, 답변, 요약이다.

- **과제**  결론을 도출하려면 먼저 문서의 과제가 무엇인지 알고 있어야 한다. 나는 어떤 과제에 대한 글을 쓰고 있는지, 상사의 과제는 무엇인지 명확하게 인식해야 한다.

- **답변**  상사의 과제에 대한 답을 주는 내용이어야 한다. 상사의 과제와 무관한 메시지를 담은 문서는 그냥 쓰레기다.

- **요약**  결론은 요약의 형태로 정리되어 전달되어야 한다. 상사가 쉽게, 간단히, 즉시 파악할 수 있도록 간결하게 전달해야 한다.

## 올바른 내용의 이해 2. 결론과 본문의 관계

결론의 메시지는 본문의 내용으로 뒷받침되어야 한다. 즉 결론을 들은 상사가 "왜 그렇게 되는데?"라고 묻는다면, 본문의 내용으로 이에 대해 체계적이고 확실한 답을 주어야 한다. 이를 위해 믿을 수 있는 정보, 적절한 정보가 필요하다.

결론 없는 본문은 산만하고, 본문 없는 결론은 부실하다. 그런데 현장에서는 이런 문서를 많이 만나게 된다. 도대체 본문과 결론은 무슨 관계인지 고심해도 연결되지 않는다. 문서에 논리적 일관성을 만들어주기 위해서는 결론과 본문이 잘 연결되고, 이해하가 쉬워야 한다.

나 스스로 올바른 내용이라고 확신할 수 있는 문서를 작성하기 위해서는 스스로에게 이렇게 질문해야 한다. "나의 결론은 '과제에 대한 답변의 요약'이 되는가?" 그리고 "문서의 결론은 본문에 의해서 탄탄하게 뒷받침되고 있는가?" 이 질문을 통과할 수 있다면, 상사의 질문에도 자신 있게 대답할 수 있을 것이다.

# 알기 쉽게,
# 이해되어야 설득도 된다

상사가 나의 문서를 읽는 이유는 뭘까?


1) 심심해서

2) 부하직원의 노력을 이해하려고

3) 지적인 욕구를 만족시키려고

4) 의사결정을 위해서


이 질문에 대한 답을 모르는 사람은 없을 것이다. 바로 4번 의사결정을 위해서다(물론 많은 작성자의 바람은 2번일 것이다). 따라서 문서가 상사의 의사결정에 도움이 되지 않는 상태라면 쓰레기와 다를 바가 없다. 그런데 현장의 많은 문서는 상사의 의사결정에 도움이 되기는 커녕 내용 파악도 쉽지 않은 경우가 많다.

예를 들어보자. 병원에서 치료를 받다가 이런 문장이 눈에 들어왔다.

86~94%의 매우 높은 치료 성공률과 자연 치유력을 증진시켜 4% 내외의 낮은 재발률을 학계에 발표하고 있는 신기술의 무중력 효과를 낼 수 있는 감압원리를 적용시켜 디스크 탈출증과 퇴행성 디스크 질환 등에 연관된 통증을 정상 회복시킬 수 있는 신개념 교정 치료기입니다.

아무리 읽어도 무슨 내용인지 알기 어렵다. 한눈에 내용을 파악하는 것이 불가능할 뿐만 아니라, 꼼꼼히 읽어도 무슨 내용인지 알기가 어렵다.

이런 문장은 어떠한가?

교통사고 피해자가 진료비를 건강 보험으로 처리 후 발생한 건강 보험 본인 부담금 지급 관련하여 발생할 수 있는 이중 지급의 Risk 제거 및 기왕 치료비 청구 시 공단 부담금을 공제함에 따른 지급 보험금 감축을 목적으로 하고자 함

이런 식의 문서라면 상사의 입장에서 이해되지도 않고, 설득되고 싶어도 설득되기 어렵다. 알기 쉬운 문서, 이해하기 쉬운 문서가 필요한 이유가 여기에 있다.

그렇다면 알기 쉬운 문서란 무엇일까?

## 알기 쉬운 문서는 '두괄식'이다

상사를 생각해보자. 일반적으로 상사는 바쁘고, 내가 하는 업무를 깊이 알지 못하고, 생각해야 할 것들이 많다. 따라서 나의 문서를 읽어야 하는 상사는 일반적으로 다음과 같은 상태이다.

- 시간이 없다. 내가 작성한 문서의 한 줄 한 줄을 다 읽고 깊이 생각하기 어렵다.
- 나의 업무를 잘 모르기 때문에 핵심만 알고 싶다. 담당자인 내가 생각하고 준비해서 상사가 알아야 하는 것만 전달해주기를 바란다.
- 생각해야 할 것이 많기 때문에 생각하기 귀찮다. "에이, 상사가 그러면 안 되지!"라고 말할 수 있으나, 상사의 입장은 그렇다.

따라서 바쁘고, 핵심만 알고 싶고, 생각하기 귀찮은 상사를 위해 문서는 '두괄식'으로 쓰는 것이 좋다. 만약 자신이 작성한 문서가 두괄식을 만족시키지 못한다면 'A입니다'라고 쓴 문서를 읽은 후 상사는 '그래서 B군!'이라고 오해할 가능성이 크다.

모든 문서는 상사가 첫 페이지를 넘기기 전에 핵심을 알 수 있도록 해야 한다. 한 페이지 문서라면 문서의 3분의 1을 읽기 전에 핵심을 파악할 수 있어야 한다.

# 알기 쉬운 문서는 '즉독성'이 좋다

문서를 쓸 때 '말'을 '글'로 옮기는 사람들이 있다. '말'을 '글'로 옮기면 편지가 된다. 편지의 목적은 화자의 목소리를 그대로 전달하는 데 있다. 군대에 있는 애인에게 보내는 편지는 보통 이렇게 시작한다.

"오빠, 날씨가 추워지네. 낙엽도 많이 지고 조만간 눈도 오겠지?"

편지의 수신인은 글을 읽으며 발신자의 목소리를 듣게 된다.

"날씨가 추워짐. 낙엽 다수 발생. 강설 예상"이라고 편지는 쓰는 사람은 없다. 목소리를 전달하지 못하기 때문이다.

반면에 문서는 목소리 전달보다는 정보 전달에 목적이 있다.

그렇기 때문에 보자마자 내용을 파악할 수 있는 시각적 구조가 중요하다. 보자마자 상대는 '아! 배경은 크게 세 가지군. 첫 번째는 사회적인 이슈, 두 번째는 회사의 이슈, 세 번째는 직원들의 이슈군!'이라고 파악할 수 있어야 한다.

이를 위해 문장은 길면 안 된다. 문장의 길이가 두 줄을 넘어가는 순간부터 상사의 이해도는 현저하게 떨어진다. 한 호흡에 읽히고, 바로 파악되는 문장이어야 한다. 또한 도식, 그림 등을 적절하게 사용해서 메시지의 시각화가 잘 되어야 한다.

이제까지 언급한 문서의 주요 키워드를 다시 한번 정리해보자.

• 지식 근로자에게 문서는 중요하다. 지식 근로자의 일은 생각이다. 그러므로 생각을 전달하는 문서는 자신이 한 업무를 어필하는 중요한 수단이며, 문서의 수준이 업무의 수준이 된다.

• 문서의 핵심 역량은 '올바른 내용'을 '알기 쉽게' 쓰는 것이다. 이를 위해서는 문서 작성의 프로세스를 지켜야 한다.

• 올바른 내용을 준비하기 위해서는 결론의 3요소(과제, 답변, 요약)를 만족시켜야 한다. 그리고 본문으로 결론이 뒷받침이 되어야 한다(이에 대해서는 2장과 3장에서 자세하게 살펴볼 것이다).

• 알기 쉽게 쓰기 위해서는 두괄식으로 써야 하고, 즉독성이 좋아야 한다(이에 대해서는 4장과 5장에서 살펴볼 것이다).

# Chapter

# 2

# 핵심만 뽑아내는
## '한 페이지 사고법'

# 문서 고수는
# 한 페이지로 기획한다

## 01

신세대 마술사로 잘 알려진 이은결 씨가 군 복무를 마치고 복귀했을 때, 한 기자가 그를 찾아갔다. 한국 마술의 대중화를 이끈 그였기에, 앞으로 어떤 화끈한 마술 공연을 보여줄 것인지 많은 사람이 관심을 갖고 있었다.

"어떤 테크닉을 익혔습니까?"

기자가 물었다. 그에 대한 이은결 씨의 대답이 의외였다. 바로 '구상'이라고 답을 했기 때문이다. 여기에 대한 그의 설명을 새겨볼 만하다.

"마술에서 테크닉은 한계가 있어요. 그 마술이 어떤 포인트로 구현되어서, 인상을 남기느냐가 더 중요한 거죠. 그래서 발상이 우선이에요. 그 모티브를 어떻게 스토리로 엮는가가 중요합니다"

# 생각과 글발

마술에 대해 많은 사람이 손기술을 생각하는 것처럼, 좋은 문서에 대해 물으면 많은 사람이 '글발'과 '글 솜씨'를 먼저 생각한다. 물론 손 기술이 좋으면 마술을 잘할 수 있는 것과 마찬가지로, 글 솜씨가 좋으면 문서를 잘 쓰는 데 도움이 된다.

그러나 마술에서 구상이 중요하다는 이은결 씨의 말처럼 문서는 핵심 내용을 어떻게 엮어가는지가 중요하다. 단순히 글발에만 의존해서 문서를 작성하려고 하면, 금방 한계에 부딪히게 된다. 먼저 생각을 정리해서 쓸 말을 정한 다음에 써야 한다. 쓸 말이 없는데 쓰는 행위는 무의미하다. 그리고 대부분 그 결과는 형편없다.

그러면 생각을 어떻게 정리해야 할까? 우리는 누구나 생각을 한다. 그래서 따로 생각의 방법을 말하는 것이 어색하다. "생각하면 그게 생각이지, 무슨 생각하는 방법이 필요해?"라고 반문할 수도 있다. 그러나 대부분의 경우 생각하기 위해 눈을 감고 있으면, 오래지 않아 졸고 있거나 딴 생각을 하는 모습을 보게 될 것이다.

더군다나 생각은 명확하게 표현하기가 쉽지 않다. 내 생각의 모습이 지금 어떠한지를 보여주거나, 스스로 인지하는 것은 쉽지 않다. 따라서 생각의 물꼬를 터주고 흐름을 이끌어줄 도구가 필요하다.

바로 A.P.A.G.E와 싱크패드(Think pad)다. 문서 작성을 위해 생각을 잘하려면 A.P.A.G.E라는 다섯 가지 요소가 필요하다. 상사가 귀에 딱

지가 앉도록 말하는 '한 페이지(A page)'로 말할 수 있으며, 이는 정렬
(Alignment), 목적(Purpose), 분석(Analysis), 목표(Goal), 실행안(Execution
plan)을 의미한다.

**생각을 잘하는 5요소: A.P.A.G.E**

| | |
|---|---|
| 정렬(Alignment) | > 과제 파악과 의도 파악 |
| 목적(Purpose) | > 무엇(What), 왜(Why) |
| 분석(Analysis) | > 사실(Fact), 논리(Logic) |
| 목표(Goal) | > 스마트(Smart) & C |
| 실행안(Execution plan) | > 현실성, 효과성 |

　문서의 내용을 논리적으로 준비하려면 이 다섯 가지 요소를 싱크패
드에 차근차근 정리하면 된다. 그리고 이러한 내용들은 〈표 2〉와 같은
하나의 틀로, A4 용지 한 장에 생각을 정리해낼 수 있다.

　현장에서 문서를 잘 쓰는 고수들을 살펴보면 나름의 방식이 있다. 그
들의 머릿속에는 문서의 내용을 준비하는 자신만의 틀이 있다. 문서를
작성하기 전에 먼저 방향을 정하고, 논리적으로 내용을 준비하고, 구체
적인 실행안을 준비한다. 고수들의 머릿속에서는 이러한 내용이 차곡
차곡 준비되어 간다. 이러한 암묵지를 형식지로 바꿔본다면 〈표 2〉처

## 표 2 ▶ 생각을 정리하는 싱크패드

| 방향성-A.P | 고객 분석 | S : 특징/스타일 | 논리성-A | |
|---|---|---|---|---|
| 1) 지시자 : | A : 입장 | | □ 배경 | |
| 2) 최종 결재자 : | 적극 | K : 지식 / 이해 | □ 현황 | |
| 3) 납기 : | 부정 긍정 소극 | | □ 원인 | |
| 과제 / 의도 | 목적 | 분석 1 | 분석 2 | |
| 1) 과제 : | 1) 목적 : 무엇, 왜 | | | |
| 2) 의도 : | | | | |
| 구체성-G.E | | 관련 자료-R | | |
| | | | | |

럼 한 장의 흐름으로 정리해볼 수 있다. 그렇다면 이런 틀은 앞에서 언급한 A.P.A.G.E와 어떻게 연결이 될까?

A(Alignment, 정렬)와 P(Purpose, 목적)를 준비하는 것으로 문서의 방향성이 정리된다. 문서의 논리성을 준비하기 위해서는 A(Analysis, 분석)가 필요하다. 문서의 구체적 내용을 준비하기 위해서는 G(Goal, 목표)와

E(Execution plan, 실행안)가 필요하다. 이것으로 문서의 핵심을 준비할 수 있다. 그리고 섬세한 준비를 위해 관련 자료까지 보완하면 완벽해진다. 이렇게 준비된 싱크패드는 문서의 스토리라인으로 쉽게 연결된다.

자, 이제 고수의 생각을 훔쳐보자.

# 정렬을 못 하면 삽질이 된다

## 02

동문서답(東問西答). 질문에 대해 전혀 엉뚱한 대답이 나오는 상황을 가리켜 하는 말이다. 가끔 현장 문서를 보다 보면, 이런 '동문서답' 식의 모습을 발견하게 된다. 그 이유는 바로 정렬(Alignment)의 실패가 원인이다.

다음 사례를 살펴보자.

사내 흡연율이 높은 것에 대해 문제의식을 느낀 사장은 '금연 운동 시행 방안에 대한 보고서'를 올릴 것을 요청했다. 이 과제에 대해 현장에서 올라온 보고서는 다음과 같다.

# 제목 : 금연 운동 시행 방안

[ 직원건강 증진 및 업무 효율 극대화를 위해 성과급 지급 및 캠페인을 통해 사내 금연 운동을 시행하고자 함 ]

================= 아 래 =================

## 1. 목 표
사내 직원 흡연률을 현재 70%에서 25% 이하로 감소

## 2. 현재 상황
1) 흡연률에 따른 휴식시간 현황

| 구분 | 총 직원 수 | 흡연자 | | 비흡연자 | |
|------|-----------|-----------|-----------|--------------|-----------|
| | | 흡연 직원 수(%) | 평균 휴식 시간 | 비흡연 직원 수(%) | 평균 휴식 시간 |
| 남성 | 50 | 40(80%) | 3 | 10(20%) | 1 |
| 여성 | 50 | 30(60%) | 2 | 20(40%) | 1 |
| 평균 | - | 70% | 2.5 | 30% | 1 |

2) 흡연률에 따른 연 병원 방문 횟수

| 구분 | 총 직원 수 | 흡연자 | 비흡연자 |
|------|-----------|--------|----------|
| 남성 | 50 | 20회 | 5회 |
| 여성 | 50 | 15회 | 3회 |
| 평균 | - | 17.5회 | 4회 |

## 3. 문제점
1) 회사적 측면: 흡연자 증가로 인해 휴식시간 증대에 따른 업무 효율성 및 능률 저하
2) 개인적 측면: 흡연자의 연 병원 방문 횟수 증가로 인한 비용 발생 및 건강 악화

## 4. 개선 방안
1) 금연 운동 목표 달성 시 성과급 지급
   - 기간: 20##. 7. 1부터 3개월 이상 지속 시(1회 지급)
   - 보상 방안: 목표 달성 시점에 일시 100만 원 지급
2) 금연 캠페인 시행 및 사내 금연 교육 시행

- 끝 -

이 내용은 나름 틀을 갖추어 짧게 작성됐다. 하지만 상사 입장에서 볼 때는 의미가 없는 문서라고 할 수 있다. 왜냐하면 상사의 요청 사항은 금연 운동 시행 방안인데, 이 문서 내용은 대부분 '왜 금연 운동을 시행해야 하는가?'에 초점이 맞춰져 있기 때문이다.

금연 운동의 필요성을 강조하기 위한 문서였다면 좋은 평가를 받을 수 있지만, 현재 주어진 과제는 금연 운동을 어떻게 해야 하는가에 대한 실행안을 묻고 있는 것이다. 그러므로 냉정하게 말하면 전혀 의미가 없는 문서라고 할 수 있다. 이 문서 내용 중에서 2번의 현재 상황 분석과 3번의 문제점 분석은 없어도 되는 내용이다.

이 문서의 핵심은 4번, 즉 개선 방안이 무엇인지를 구체적으로 제시했어야 한다. 또한 왜 이런 방안을 시행해야 하는지, 이런 방안을 시행했을 때 어떤 결과가 있을 것인지, 어떠한 방식으로 해야 부작용을 최소화할 수 있는지에 대한 실행 방안을 중심으로 작성되어야 한다. 왜냐하면 지금 상사는 어떻게 시행할까를 묻고 있기 때문이다.

현장에서 많은 문서가 범하는 오류가 여기에 있다. 상사가 묻고 있는 내용, 상사가 알고 싶은 내용과는 전혀 상관없이 자꾸 자신이 하고 싶은 말만 쓰기 때문이다. 그렇기 때문에 문서의 대부분이 상사의 필요와는 상관없는 '헛소리'인 경우가 많다. 한 페이지라는 작은 공간에서 메시지를 작성하기 위해서는 상사가 묻고 있는 내용과 관련된 핵심 내용을 쓰기에도 여유가 없다. 상사의 필요, 상사의 요청 사항과 문서의 핵심 내용이 일치하는 방향으로의 정렬이 선행되어야 한다.

## 정렬(Alignment)의 첫 단계: 과제 환경 이해

문서 작성을 위해 과제의 방향성을 명확하게 인식하려면, 과제의 환경을 이해할 필요가 있다. 과제의 환경은 도대체 이 작업이 어떤 상황에서 내려왔는가를 이해하는 것이다. 이를 위해서는 기본적이지만 지시자, 최종 결재자, 납기를 적어볼 필요가 있다.

• **지시자**   이 과제를 나에게 시킨 사람이다. '지시자는 이 일을 왜 시키는가? 어떤 목적을 가지고 시키는가?'를 고민하려면 먼저 지시자가 명확해야 한다. 만약 본부장이 팀장을 통해 나에게 시켰다면 지시자는 본부장이 된다. 일을 시킨 최초의 사람, 그 사람이 지시자다.

• **최종 결재자**   '이 과제는 어디까지 보고될 내용인가? 최종 결재자를 설득하기 위한 내용인가, 아니면 최종 결재자 자신이 궁금한 내용을 해소하기 위한 것인가?' 때로는 지시자와 최종 결재자가 같기도 하지만, 대부분의 경우 다르기도 하다.

• **납기**   '이 일은 언제까지 완료되어야 하는가?'

  정말 간단한 시작이다. 하지만 삽질을 막는 핵심이다. 예를 들어 '부장님이 사장님께 보고해서 금연 캠페인을 진행하기 위한 기획안을 지시했다.' 이 경우 지시자는 부장님, 최종 결재자는 사장님이 된다.

사장님께서 최근에 관심이 높아진 주제에 대한 기획안을 월말까지 써오라고 하신다. 그렇다면 먼저 간단하게 다음의 내용을 적어보자.

| | |
|---|---|
| 지시자 | **사장님** |
| 최종 결재자 | **사장님** |
| 납기 | **이달 말** |

# 귀신같이 방향성을 확인하는 부드러운 넛지

## 03

"김 과장, 이번 아이템 관련 보고서는 김 과장이 알아서 잘해봐!"
"김 과장, 이거 좀 깊이 있게 보고해줘."

대부분의 경우 상사는 이렇게 지시한다. 애매하고 다양하게 해석될 수 있는 여지를 안고 있다. 그 결과 우리가 작성한 보고서에 대해 이런 말을 듣게 된다.

"김 과장, 이거 이러면 안 되지. 이게 빠졌잖아. 어? 이것도 빠졌네. 이건 당연히 빼야지!"
"아, 이건 좀 감이 안 와. 다시 좀 깊이, 확실하게 파서 보고해줘."

무한 반복! 지옥의 게이트가 열리고 있다.

현장에서 대부분의 문서는 상사의 지시와 연결된다. 따라서 상사의 지시를 제대로 정렬하고 문서를 작성해야 한다. 그런데 안타까운 것은 상사의 지시를 정렬하는 것이 쉽지 않다는 점이다. 왜 그럴까?

첫째, 항상 말을 대충 하는 상사가 있다. 바쁜 와중에 지시를 내리는 경우가 많기 때문에 꼼꼼하게 요청하지 못한다. 또 부하직원이 이 정도는 '당연히' 알아들을 것이라는 상사의 오해도 한몫한다.

둘째, 상사도 한계가 있다. 나에게 지시하는 상사라고 항상 답을 갖고 있는 것은 아니다. 아직 답이 없고, 실제로 생각이 구체화되지도 않았다. 그런 상태에서 부하직원에게 지시해야 하기 때문에 두루뭉술하게 지시하는 것이다.

그 밖에도 부하직원의 능력을 파악하거나 자율권을 주려는 상사의 의도도 있다. 분명한 것은 나만 상사의 지시를 정렬하기 어려운 게 아니다. 현장에서 만나는 상사의 지시는 대부분 정렬이 쉽지 않다.

## 부드러운 넛지로 똑똑하게 지시 파악하기

'부장님, 좀 똑바로 말씀해주세요. 제대로 지시해야 제대로 하지!'라는 말이 마음속에서 확 올라오다가 목에서 걸린 경험들은 누구나 해봤을 것이다. 앞에서 말한 정렬의 실패로 발생되는 상황이다. 그렇게 속 시

원하게 말하고 싶지만 그럴 수 없고, 그래서도 안 된다.

그렇다면 '대충 지시하시는 상사'에게서 '제대로 지시받고 정렬'하기 위한 방법은 무엇일까?

넛지(Nudge)라는 말이 있다. '팔꿈치로 살짝 찌르다'라는 뜻으로 '어떤 일을 강요하기보다는 스스로 자연스럽게 행동을 변화하도록 하는 유연한 개입'을 말한다. 현장에서 대충 말하는 상사가 제대로 지시할 수 있도록 부하직원의 입장에서 유연하게 개입하는 것이 효과적이다. 이를 위해 지시를 받는 자리에서의 넛지 습관들을 몸에 익혀보자.

- **반복** 상사의 과제를 파악하기 위해서는 반복이 효과적이다. 커피전문 매장에서 주문할 때를 생각해보면 쉽다. 대부분의 경우 주문 내용을 다시 한번 반복해서 명확하게 정리한다. 이처럼 상사의 말을 제대로 알아들었는지 확인할 경우 상사의 지시를 반복하는 것이 좋다.

- **요약** 만약 상사가 길게 말을 하는 경우라면, 요약하는 것이 좋다. 항상 말을 길게 하는 상사라면, "그러니까 이렇게 정리해서 이런 식으로 하라는 말씀이시죠?"라고 요약해서 질문하면 상사의 말을 명확하게 확인할 수 있다.

- **환언(換言)** 상사의 말을 내가 이해한 의미로 정리해서 확인하는 방

법이다. 예를 들어서 상사가 "신입직원 이직률 좀 파악해서 보고해줘!"라고 했을 때 "네, 알겠습니다"라고만 말한다면 스스로 무덤을 파는 일이다. 신입직원은 도대체 입사 몇 개월까지일까? 당연히 1년이라고 생각하고 준비했는데, 상사는 입사 3개월까지가 신입직원이라고 생각할 수 있다. 따라서 "네, 입사 1년 차까지 정리해서 보고하겠습니다"라고 말하는 것이 좋다.

• **질문** 상사의 의도를 파악하려면 적극적으로 질문하는 것이 좋다. 중요한 점은 질문은 질문자의 수준을 나타낸다는 점이다. 따라서 질문의 수준을 관리하기 위해서 평소에 사안별 질문 리스트를 만들어서 머릿속에 저장해두는 것도 좋다.

• **가안** 상사도 생각이 아직 구체적이지 않은 경우도 있다. 상사도 윗분께 어떻게 보고해야 할지 답이 없는 상황에서 부하직원이 내미는 100장짜리 보고서는 무의미하다. 읽기도 어렵고 무슨 내용인지 감도 잡히지 않는다. 이런 경우라면 빨리 한 장짜리 가안을 작성해 중간 보고를 하는 것이 좋다. 이후에 계속 연습하게 될 싱크패드를 작성해서 이런 상황에 보고한다면 더욱 효과적인 중간 보고가 될 것이다.

사장님께서는 최근 관심 있는 이슈를 지시하셨다.

"회사 다이어트 기획 좀 준비해봐."

이런 지시를 받고 "네! 알겠습니다"라고 대답한다면 재앙의 시작이다. 상사의 지시를 정렬할 필요가 있다. 먼저 회사 다이어트는 뭘까? 비용 절감? 구조 조정? 말 그대로 직원들의 살 빼기일까? 상사가 내주는 과제를 파악해야 한다.

여기서 사장의 의도는 뭘까? 이를 확인하기 위해 넛지의 기술을 써보자.

| | |
|---|---|
| 사장님 | 회사 다이어트 기획안 좀 작성해봐! |
| 김 과장 | 네, 회사 비용 절감안을 작성해서 올리겠습니다. (환언) |
| 사장님 | 아니, 직원들 살 빼는 다이어트 방안에 대해 올리라고. |
| 김 과장 | 네, 알겠습니다. 이번 기획안의 방향을 전 직원의 몸짱화로 잡는 것이 좋을까요? (질문) |
| 사장님 | 아니, 최근에 직원들의 비만으로 인한 건강 문제가 이슈야. 우리 직원들의 비만률이 타사 대비 심각한 것 같아. |

이렇게 넛지를 통해 파악했다면 당신은 사장실을 나온 후 과제와 의도를 적을 수 있다.

| | |
|---|---|
| 과제 | **회사 비만 임직원의 다이어트** |
| 의도 | **비만으로 인한 직원들의 건강 문제 대두, 타사 대비 비만 문제 심각** |

## 04

# 목적을 먼저 생각하라

문서 작성 경험이 많은 사람들도 항상 어려워하는 부분이 있다. 바로 문서의 목적이다. 어떻게 써야 할지 감이 잡히지 않는다. 그렇게 고심하고 고심해서 쓸데없는 말을 적는다. 이런 점 때문에 부하직원들의 문서를 볼 때마다 상사들이 인상을 찌푸리며 묻는 첫 질문 중 하나가 이것이다.

"이거 왜 만들었어? 목적이 뭐야?"

안타까운 것은 고심 끝에 쓸데없는 말들을 쓴 부하직원들은 이 질문에도 제대로 대답하지 못한다는 것이다.

세부적인 정보를 조사하고, 글자 크기까지 꼼꼼히 신경 썼지만, 이런 기본적인 상사의 질문에 제대로 대답하지 못한다. 상사 입장에서는 이런 문서가 답답하기 짝이 없다. 도대체 무엇을 위한 내용인지 감을 잡기가 어렵기 때문이다.

문서의 목적을 적어야 하는 이유는 작성자와 상사 사이에 정보의 비대칭성이 존재하기 때문이다. 상사는 작성자가 알고 있는 것만큼 사안에 대해 알고 있지 못한 경우가 많다. 심지어는 작성자가 중요하게 생각하는 것에 대해 그것이 왜 중요한지조차 알지 못하는 경우가 많다. 작성자 입장에서는 정말 중요하고, 당연히 상사가 알고 있을 것이라고 생각하는 내용으로 문서를 작성했다. 그런데 상사가 '이걸 왜 해야 하느냐'라고 물으면 작성자 입장에서는 당혹스럽기 짝이 없다. 그 당연한 것을 상사가 모르고 있기 때문이다.

따라서 이러한 정보와 관심의 비대칭성을 해소하기 위해 작성자는 먼저 문서의 목적을 꼼꼼히 따져봐야 한다.

그렇다면 목적(Purpose)이란 무엇일까? 목적에 대해 위키백과에서는 '어떤 것을 하는 근본적 이유'라고 정의하고 있다. 따라서 문서의 목적은 '문서를 쓰는 근본적인 이유'라고 할 수 있다. 그리고 이는 크게 다음 두 가지로 표현된다.

- **달성 대상** "무엇을 달성하고자 하는가(What we need to achieve)?"

- **달성의 이유** 왜 그것을 달성해야 하는가(Why we need to achieve it)?"

# 목적을 알고 쓰는 문서 vs. 목적을 모르고 쓰는 문서

현장에서 목적을 모르고 쓰는 문서는 다음과 같은 형태로 볼 수 있다.

- **당연지사형** 상사는 당연히 모든 것을 알고 있을 것이라고 생각한다. 그러나 상사는 작성자가 생각하는 것만큼 업무의 세부적인 사항에 대해 알고 있지 못하다. 때문에 작성자가 이런 식으로 작성하면 상사는 답답하다.

---

[현장 사례]

**제목: 업무 처리 기준 변경의 건**
다음과 같이 업무 처리 기준을 바꾸고자 합니다.

**1. 기준 변경 사항**
- 기준 1: A 유형 ⇨ B 유형

**2. 세부 처리 일정**

---

이 사례의 경우 상사는 업무 처리 기준이 왜 바뀌는지에 대해 알 수 없다. 아무리 A 유형에서 B 유형으로 바뀌는 것이 담당자의 생각에 당연한 이유가 있다 할지라도 상사에게는 명시해줄 필요가 있다.

- **모르쇠형** 당연지사형보다 더욱 상사를 난처하게 하는 유형이다. 굳이 목적을 알 필요가 없다고 생각한다. 목에 핏대를 세워가며 방법

만 얘기한다. 상사가 왜 하는지에 대해 물으면, 그런 것을 왜 묻느냐고, 그게 왜 중요하냐고 되묻는다.

· **딴소리형** 문서의 내용과는 전혀 상관없는 목적을 써놓는다. 목적란에 내용을 넣기는 했지만, 하고자 하는 내용과 전혀 상관없거나 또는 너무 큰 내용을 다루고 있는 경우다.

[현장 사례]

**제목: 복지 포인트 지급을 요청드립니다.**

**1. 핵심 가치 교육의 목적**
  - 전 직원의 핵심 가치 공유
  - 핵심 가치 실행을 위한 공통 역량의 이해

이것은 복지 포인트 지급에 관련한 품의서다. 여기서 문서의 목적을 언급하려면 복지 포인트 지급을 왜 해야 하며, 또 포인트를 지급해서 무엇을 얻을 수 있는지를 언급해야 맞다. 하지만 이 문서의 작성자는 전혀 상관없는 내용을 갖다 붙이고 있다. 냉정하게 말한다면 헛소리를 문서에 써놓고 있는 것이다.

· **목적을 알고 쓰는 문서** 목적을 알고 쓰는 문서는 짧은 내용이더라도 상대의 입장에서 무엇을 하겠다는 것과 그것을 왜 하겠다는 것인지 알 수 있다.

목적　강한 특허 선점형 국가 연구개발 사업이 되도록, 연구 계발 사업과 지식 재산
　　　권의 연계를 강화하는 지식 재산권 중심의 기술 획득 전략 추진 계획을 수립
　　　하여 확정하고자 함

이 문서에 표현된 목적은 비록 짧지만 무엇을, 왜 하는지가 명확하다. 무엇을 하겠다는 것인가? 지식 재산권 중심의 기술 획득 전략 추진 계획을 수립하겠다는 것이다. 그것을 왜 하겠다는 것인가? 특허 선점형 국가 연구개발 사업이 되도록 하기 위해서다. 명확한 목적은 문서를 읽는 사람으로 하여금 한 번에 문서의 핵심을 이해할 수 있게 한다.

## 목적을 알면 '본질적 사고'를 할 수 있다

같은 일을 하더라도 그 일을 왜 해야 하고, 그 일이 어떠한 맥락을 가지고 진행되는지 알고 있는 사람은 다른 결과를 얻는다. 왜냐하면 이런 사람은 일의 목적과 본질을 알고 하기 때문이다. 일의 본질을 알면 이 일을 왜 해야 하는지, 그리고 이 일이 상사와 회사의 목적에 어떻게 연결되어 있는지 알 수 있다. 이런 사람은 일의 방향을 알고 시작하기 때문에 헛일을 하지 않는다.

따라서 문서를 작성할 때에는 먼저 목적을 물어야 한다. 목적을 모르고 작성하는 문서는 방향을 알지 못한 채 그냥 열심히 뛰어가기만 하는

것과 같다. 왜 뛰는지 알 수 없기에 재미를 느낄 수 없고, 열심히 뛰면 뛸수록 일의 본질에서 점점 멀어질 가능성도 크다.

지시자인 사장님의 과제와 의도를 파악한 당신은 이제 기획안의 목적을 적어야 한다. 어떻게 목적인 '무엇(What)'과 '왜(Why)'를 적을까?

일반적으로 목적의 '무엇'은 사장이 제시한 과제와 긴밀하게 연결된다. 사장이 요청한 일이 회사 다이어트였으니, 내용을 구체화해서 '비만 임직원의 다이어트'로 적어본다.

그러면 '왜(Why)'는 뭘까? 회사 임직원들이 다이어트를 해야 하는 이유를 생각해 보니, 꽤 여러 가지가 나온다. 1) 업무 효율성 증대, 2) 회사 비용 절감, 3) 젊은 회사로서의 이미지 제고, 4) 건강한 회사 분위기 조성 등 '왜'가 꼬리에 꼬리를 물고 나온다.

이때 생각나는 모든 '왜'를 적으면 문서가 산으로 가기 시작한다. 그럼 무엇을 골라야 할까? 이때 선택을 돕는 것이 상사의 의도다. 비만 직원 문제로 고민하는 사장의 의도를 생각한다면 가장 적합한 것은 4번으로 건강한 회사 분위기 조성이 가장 적절하다. 따라서 기획안의 목적은 다음과 같이 정할 수 있다.

무엇    비만 임직원 다이어트

왜    건강한 회사 분위기 조성

⟶    비만 임직원 다이어트를 통해 건강하고 활기찬 회사 분위기를 조성하고자 함

그렇다면 앞에 있던 '왜' 중 간택받지 못한 3개의 내용은 버려지는 것일까? 물론 아니다. 이 내용들은 나름의 가치가 있다. 추후 이 기획안에서 기대효과의 모습으로 화려하게 부활할 수 있다.

지금까지의 내용으로 정리된 '보고서 싱크패드'의 모습을 살펴보자.

| 방향성-A.P | 고객 분석<br>A : 입장 | S :<br>특징/스타일 | 논리성-A | |
|---|---|---|---|---|
| 1) 지시자 :<br><br>2) 최종 결재자 :<br><br>3) 납기 : | 적극<br>부정 ——— 긍정<br>소극 | K :<br>지식 / 이해 | ☐ 배경<br><br>☐ 현황<br><br>☐ 원인 | |
| **과제 / 의도**<br>1) 과제 :<br><br>2) 의도 : | **목적**<br>1) 목적 : 무엇, 왜 | | **분석 1** | **분석 2** |
| 구체성-G.E | | | 피라미드 구조 | |
| | | | | |

| 방향성-A.P | 고객 분석<br>A : 입장 | S : 특징/스타일 |
|---|---|---|
| 1) 지시자 : 사장님<br><br>2) 최종 결재자 : 사장님<br><br>3) 납기 : 한 달 이내 | 적극<br>부정 ——— 긍정<br>소극 | K : 지식 / 이해 |
| **과제 / 의도**<br>1) 과제 : 비만 임직원 다이어트<br><br>2) 의도 : 비만으로 인한 임직원 건강 문제<br>　　　 / 타사 대비 심각한 직원 비만 해결 필요 | **목적**<br>1) 목적 : Whay / Why<br><br>　Whay : 비만 임직원 다이어트<br>　Why : 건강한 회사 분위기 조성<br><br>　비만 임직원 다이어트를 통해<br>　건강하고 활기찬 회사 분위기 조성 | |

# 상사의 코드를 분석하고, 맞춤형 문서를 써라

"어떻게 상사의 의도를 파악할 수 있습니까?"

강의 현장에서 방향성에 대해 설명할 때 자주 듣는 질문이다. 실제로 이런 질문을 던질 수 있는 사람은 상사에 대해 고민을 해본 사람이다. 나름 문서를 써본 사람들이다. 그러면 나는 이렇게 질문한다.

"문서를 작성할 때 어떤 과제와 의도에 대해 문서를 쓰시나요?"

실제로 우리의 문서는 상사의 특정한 과제와 의도를 전제로 하여 작성하게 된다. 문서의 결론이 '과제에 대한 답변의 요약'이라면, 모든 문서의 작성자는 상사의 '과제와 의도'를 전제하고 쓰게 된다.

상사의 과제와 의도를 파악할 때, 명확하고 정확하게 방향을 잡고 싶다면 물어야(ASK) 할 요소로 A.S.K가 있다. 바로 상사의 Attitude(태도, 입장), Style(스타일), Knowledge(지식 수준)이다.

# A: 태도(Attitude)를 고민하면 목차의 비밀이 풀린다

내가 보고하는 건에 대해 상사는 긍정적일 때가 있고, 부정적일 때가 있다. 또 적극적인 사항이 있고, 소극적인 사항이 있다. 내가 작성한 문서의 내용에 대해 상사의 입장은 항상 다양하다.

만약 상사가 긍정적이고 적극적이라면 문서는 어떤 내용에 집중해야 할까? 이런 경우라면 분석과 전략이 핵심 메시지가 되어야 할 것이다. 상사가 긍정적이라면 왜 해야 하는가를 다루는 추진 배경은 큰 의미를 갖지 못한다. 상사는 이미 할 준비가 되어 있기 때문이다. 따라서 어떻게 할 것인지, 왜 이 방법인지, 뭘 지원하면 되는지, 어떤 효과가 기대되는지가 문서의 핵심이 되어야 한다.

반면에 상사가 부정적이고 소극적이라면 문서는 '추진 배경'이 중요하다. 만약 상사가 부정적으로 생각하는 것에 대한 추진 계획만 멋지게 써 간다면 상사는 보자마자 "이거 내가 하지 말라고 했잖아!"라고 말하며 싸늘한 눈초리를 던질 가능성이 크다. 이런 경우라면 상사가 반대하는 것을 알고 있음에도 왜 해야 하는지에 대한 '추진 배경'을 잘 써야 한다.

덧붙여서 다음과 같은 상황을 생각해보자. CEO가 직접 "금연 캠페인 기획해봐!"라고 요청했다면 추진 배경을 길게 쓰는 것은 의미가 있을까? 이런 경우라면 추진 배경은 그렇게 중요하지 않다. 추진해야 하는 이유는 우리보다 상사가 더 잘 알고 있기 때문이다.

반면 임원이 "CEO에게 보고 드린 후 추진할 예정이니 금연 캠페인 기획해봐!"라고 지시한다면, 이때는 추진 배경을 잘 써야 한다. 문서의 최종 소비자인 CEO는 해야 할 이유를 잘 모르고 있을 가능성이 크기 때문이다.

이런 태도를 고민하지 않으면, 상사가 이상해 보인다. 왜냐하면 예전에는 추진 배경이 없다고 뭐라고 했는데, 이번에는 추진 배경이 있다고 뭐라고 하기 때문이다. 매번 달라지는 상사의 요구에 갈피를 못 잡게 되고 불만이 쌓인다.

## S: 스타일을 고민해야 문서의 양식을 정할 수 있다

사람마다 스타일이 있다. 자신의 취향, 방식에 맞는 스타일은 잘 파악되고 좋게 보인다. 나의 상사는 읽는 형인가, 듣는 형인가? 상사가 좋아하는 보고서의 스타일은 어떤 모습인가?

상사를 생각할 때 왠지 공무원 같거나 법대를 졸업한 것 같은 스타일이라면 문장이 좋은 문서를 좋아할 확률이 높다. 한자도 적절히 섞어서 쓴다면 더 좋다.

반면 상사가 글로벌 컨설팅 펌 배경이라면 딱 떨어지게 쓴 파워포인트 문서를 좋아할 확률이 높다. 상사가 현장에서 오래 일한 경우라면 대부분 로우 데이터(Raw data)를 좋아한다. 즉 표, 숫자 등이 익숙할 것이다. 상사가 어떤 스타일인지 묻고, 그에 맞춰서 자료를 만드는 것만으로도 내 자료에 대한 선호도를 높일 수 있다.

# K: 상사의 지식 수준을 알면, 보고 자료의 양(量)이 정해진다

보고 내용을 준비할 때 상사가 이 내용을 많이 알고 있는지, 잘 모르고 있는지 자문해볼 필요가 있다. 상사가 많이 알고 있다면 문서를 길게 준비할 필요가 없다. 핵심 위주로 간결하게 준비하고, 상사가 확인할 자료를 점검해서 자신 있게 보고하면 된다.

반면 상사가 잘 모르고 있다면 참고 자료를 같이 준비해야 한다. 특히 해당 이슈에 대해 상사는 잘 모르는데, 상사의 윗분은 잘 알고 있는 상황이라면 관련 자료를 더 많이 챙겨둘 필요가 있다.

A.S.K 세 가지 요소로 상사에 대해 묻다 보면 중요한 것을 알게 된다. 같은 상사에게 보고하더라도 이슈에 따라 상사의 태도(A)와 지식 수준(K)이 달라진다는 점이다. 따라서 이슈별로 이러한 요소를 생각하지 않으면 문서의 방향성을 잘못 잡게 된다. 독심술을 배우지 않는 이상, 상사의 과제와 의도를 100% 완벽하게 파악하기는 어렵다. 그러나 A.S.K 세 가지를 질문해보는 것만으로도 방향을 맞춰갈 수 있다.

김 과장은 기획안 작성을 위해 지시자인 사장님에 대해 A.S.K를 해본다.

사장님의 스타일은 이미 익히 알고 있기에 쉽게 정리할 수 있다. 읽는 형이고, 논리적 사고를 중시하고, 숫자에 강하다. 그리고 성격이 급해서 문서가 늦어지는 것을 싫어한다.

이번 건은 사장님이 직접 지시한 것이니 적극적이고 긍정적인 상황으로 평가가 가능하다. 본 건에 대한 사장님의 사전 지식(Knowledge)은 직원의 비만 이슈이니 높지는 않을 것으로 판단되었다.

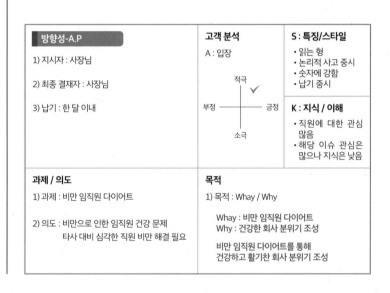

<table>
<tr><td colspan="2">방향성-A.P</td><td>고객 분석</td><td>S : 특징/스타일</td></tr>
</table>

| 방향성-A.P | 고객 분석 | S : 특징/스타일 |
|---|---|---|
| 1) 지시자 : 사장님<br><br>2) 최종 결정자 : 사장님<br><br>3) 납기 : 한 달 이내 | A : 입장<br><br>적극 ✓<br>부정 ┼ 긍정<br>소극 | • 읽는 형<br>• 논리적 사고 중시<br>• 숫자에 강함<br>• 납기 중시 |
| | | **K : 지식 / 이해** |
| | | • 직원에 대한 관심 많음<br>• 해당 이슈 관심은 많으나 지식은 낮음 |
| **과제 / 의도** | **목적** | |
| 1) 과제 : 비만 임직원 다이어트<br><br>2) 의도 : 비만으로 인한 임직원 건강 문제<br>　　　　타사 대비 심각한 직원 비만 해결 필요 | 1) 목적 : Whay / Why<br><br>Whay : 비만 임직원 다이어트<br>Why : 건강한 회사 분위기 조성<br><br>비만 임직원 다이어트를 통해<br>건강하고 활기찬 회사 분위기 조성 | |

# 논리적 문서 작성,
# 비논리부터 알아라

## 06

버스는 달리는 중이다. 어느 쪽으로 달리고 있을까? (단 장소는 한국이고, 버스는 앞으로 달리고 있다.)

　강의 현장에서 이 질문을 던지면 처음에는 대부분의 사람이 멍한 표정을 짓는다. 그림을 보고 왼쪽 또는 오른쪽으로 답을 하기가 쉽지 않기 때문이다. 그래도 결론을 내야 한다고 말하면, 나름대로 답을 낸다.

　답을 한 사람들에게 "왜 그렇게 생각하는가?"라고 물으면 나오는 답들이 제각각이다.

　"오른쪽입니다. 원래 차는 오른쪽으로 달리잖아요."

　"왼쪽입니다. 저희 팀 다수결 결과입니다."

"왼쪽입니다. 왼쪽 화살표가 더 진합니다."

그 중 잊지 못할 답변을 한 사람이 있었다.

"왼쪽입니다. 자세히 보고 있으면, 바퀴가 돌고 있습니다."

중요한 것은 왼쪽을 주장하거나 오른쪽을 주장하거나 이런 '감', '느낌', '전혀 연관 없는 근거', '헛것을 보고' 말한 내용은 상대편을 전혀 설득할 수 없다는 점이다. 설득되고 싶어도 설득되지 않는다. 이와 동일한 현상이 문서에서도 발생한다.

설득력이 없는 현장의 문서를 살펴보자.

---

**제목: K 마트와 A 포인트를 연계한 매출 증대(안)**
K 마트에서 A 포인트 사용 회원 대상 사은 행사를 시행하고자 합니다.

**1. 목적**
　　1) 최근 K 마트 당사 매출 점유비율의 급격한 하락 문제 해소
　　2) A 포인트 사용 유도를 통한 매출 증대

**2. 행사 내용**
　　1) 대상: A 포인트 사용 고객
　　2) 기간: 20##년, ##월 # 일 ~ ## 월, #일
　　3) 사은품: 3만 원 이상(○라면 번들 세트 ), 7만 원 이상(영화권 1매)

**3. 목표**
　　- 매출 4억 5,000만 원(전년 동기간 대비 50% 향상 )

**4. 홍보 방안**
　　1) SMS 및 EMS 발송: 타깃 회원 50만 명(A 포인트 1만 점 이상 고객 )
　　2) 배너 및 포스터를 통한 현장 홍보 강화
　　3) 데칼 및 POP 설치

---

이 문서의 주요 내용은 K 마트에서 A 포인트 행사를 하겠다는 것이다. 전체 항목 중에서 2~4번까지의 내용은 어떻게 행사를 실시할 것인지에 대한 내용을 담고 있다. 하지만 이 내용은 논리적으로 설득력이 전혀 없다. A 포인트 행사를 하는 이유는 목적에서 살펴볼 수 있는 것처럼 K 마트에서의 매출 점유비율 하락에 따른 '매출 증대'를 위해서다.

그렇다면 상사 입장에서 물어볼 수 있는 것은 당연히 'A 포인트 행사'를 하면 매출 점유비율이 올라가는지의 여부이다. 안타깝게도 이 문서의 내용을 통해서는 이러한 논리적 연관성이 전혀 파악되지 않는다.

문제를 해결하기 위해 기획안을 썼다면, 그러한 실행 방안대로 했을 때 당연히 문제가 해결되어야 한다. 그런데 이 문서에서는 그러한 실행 방안과 문제 해결의 논리적 연관성이 보이지 않는다.

그 이유는 무엇일까?

이 문서에서는 '왜 매출 점유비율이 하락했는지'에 대한 논리적 분석이 없기 때문이다. 점유비율이 하락했으니 "점유비율을 올립시다. 행사를 하면 그래도 조금은 오르겠지요"라고 주장하는 것으로는 상대방을 전혀 설득할 수 없다. 왜냐하면 '느낌'과 '감'에만 의존해서 얘기하는 실행 안이 될 수밖에 없기 때문이다.

# 비논리적인 사고의 원인과 해결책

비논리의 첫 번째 유형은 '느낌에 기초한 사고(Feel based thinking)'이다. 앞의 퀴즈에서 "느낌이 그렇습니다"라고 말한 답들이 그런 유형이다. 두 번째는 '내용의 중복과 누락'이 있는 경우다. 항목의 흐름이 전혀 맞지 않고, 이미 언급한 사항이 자꾸 반복되거나 중요한 내용이 빠져 있는 모습이다. 세 번째는 '비약'이다. 앞의 문서에서는 왜 포인트 행사를 해야 하는지에 대해 설명할 수 없는 상황이며, 전략과 분석이 전혀 연계되지 않는 모습이다. 이런 모습이 자주 반복되면 당신은 '비논리의 화신'이 된다.

그럼 이런 비논리를 극복하는 방법이 뭘까?

'느낌에 기초한 사고(Feel based thinking)'를 넘어서기 위해서는 '사실에 기초한 사고(Fact based thinking)'가 필요하다. 내용의 중복과 누락을 극복하려면 MECE(Mutually Exclusive Collectively Exhaustive, 모든 것을 포괄하되 중복하지 않는 것)적인 접근이 답이 된다. 비약을 피하려면 지속적으로 'Why so(왜)?' / 'So what(그래서)?'을 질문해봐야 한다. 업무 현장에서 논리적 사고의 방법에 익숙한 사람들은 사실에 기초한 사고, MECE, 'Why so/So what'이라는 용어가 익숙할 것이다. 그렇다면 이런 요소들이 문서 작성 과정에서 어떻게 확보될 수 있는지 살펴보자. 그리고 이 내용으로 보고서 싱크패드의 논리성 블록을 채울 수 있다.

# 비논리 유형과 논리적 접근법

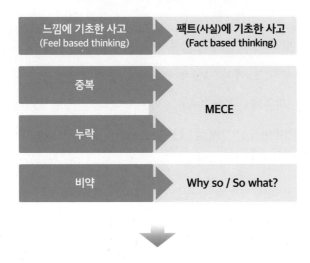

| 논리성-A | |
|---|---|
| ☐ 배경 | |
| ☐ 현황 | |
| ☐ 원인 | |
| 분석 1 | 분석 2 |

# 정보 수집의 달인이 돼라

"팀장님! 이 건은 꼭 해야 합니다!"

김 대리가 아침부터 목에 힘을 주며 얘기한다.

"왜 그렇게 생각하는데?"

혹시 좋은 생각이 있는 건가 싶어 물어본다. 김 대리가 회심의 미소
를 지으며 얘기한다.

"느낌이 좋습니다!"

아침부터 박 팀장의 느낌이 안 좋아진다.


김 대리의 문제는 뭘까? 바로 팩트에 기초(Fact base)하지 않았다는
점, 다시 말하면 느낌에 기초(Feel base)한 사고로 접근하고 있다는 점이
다. 우리는 업무 현장에서 상사를 단번에 설득할 수 있는 문서를 쓰고
싶다. 상사도 역시 단번에 설득되고 싶다. 빨리 결재하고 넘겨버리고

싶지만 전혀 설득될 수 없는 문서가 많다. 가장 큰 원인은 팩트가 아닌 느낌에 기초하는 사고로 접근하기 때문이다.

팩트에 기초한 사고란, '왜 그렇게 생각하는가에 대해 의사결정의 근거를 사실에 두는 것'을 말한다. 쉽게 말하면 "왜 그래?"라고 묻는 상사의 질문에 타당성 있는 근거를 준비하는 것이다.

그런데 팩트를 준비하라고 하면, 느낌과 사실을 구분하지 못하는 직원들이 많다. 또는 "원래 이렇게 해왔다"고 힘주어 말하는 사람들도 있다. 출처도 알 수 없는 소문을 가지고 마치 중요한 정보라도 되는 양 말하는 사람들도 있다. 그렇다면 어떻게 내용을 준비해야 팩트에 충실한 문서를 쓸 수 있을까?

## 문서의 배경, 현황, 원인은 팩트로 뒷받침하라

문서의 내용을 준비할 때, 100% 팩트를 준비하라고 하는 것은 적절치도 않고 효과적이지도 않다. 하지만 아무리 시간이 없어도 문서에서 꼭 팩트로 준비할 세 가지가 있다. 바로 '배경', '현황', '원인'이다.

신제품을 제안하는 기획서에서 제안 배경으로 그럴듯하게 썼다.
'최근 40대 남성을 중심으로 단맛에 대한 선호도가 급증하고 있음.'
근거를 묻는 상사에게 이렇게 말한다.

"요즘 제가 단 게 당겨요. 와우!"

이 순간 보고서는 갑자기 3류 소설이 된다.


'상반기 당사 매출 부진의 주요 원인은 현장 영업 직원들의 의욕 저하에서 기인함'이라는 문서에 상사는 "근거가 뭐야?"라고 묻는다.

"요즘 직원들의 눈빛이 살아 있지 않습니다."

이런 답변 역시 3류 소설이다.


첫 번째 신제품 제안 기획서의 제안 배경 근거로 권위 있는 연구소의 연구 결과, 컨설팅 기관의 트렌드 분석이 제시되어 있었다면 내용이 훨씬 설득적이었을 것이다. 두 번째 매출 원인 분석에서 직원 설문 조사, 심층 인터뷰 결과 등이 제시되어 있었다면 설득이 쉬웠을 것이다.

설득력 있는 문서는 배경, 현황, 원인의 논리적 근거가 적절하다. 그래서 잘 쓴 문서들은 이러한 근거를 섬세하게 준비한다.


'한국의 창조 경제 역량은 OECD 국가 31개국 중 20위로 중하위권'

'한국은 아이디어 창출·성공의 선순환 구조에서 OECD 국가 중
 하위권'

이렇게만 현황의 내용을 써두었다면 분명 상사는 물을 것이다.

"어, 이거 내가 아는 것과 다른데?"

그런 상사를 설득하려면 말이 길어지게 되고 설득도 쉽지 않다.

반면, 제시된 내용 옆에 'ㅇㅇ일보, ##년, #월', 'ㅇㅇㅇ컨설팅 분기 보

고서'라는 출처가 명시되어 있다면 상사는 내용에 쉽게 설득된다. 특히 상사가 신뢰하는 기관의 정보라면 더욱 그렇다. 따라서 어떤 정보를 가지고 내용을 준비하는가가 문서의 설득력을 결정한다.


## 수준 높은 정보력을 키우는 법 1. 잘 모아라

수준 높은 정보를 준비하는 방법에는 무엇이 있을까? 이에 대해서는 두 가지 측면으로 접근해야 한다. 우선 '적절한 자료를 수집'해야 한다. 즉 자료를 잘 모아야 한다. 병원을 배경으로 한 드라마 〈라이프〉에 나왔던 장면 중 정보 수집과 관련된 의미 있는 장면이 나온다.

"평균 환자의 대기시간이 어떻게 되나?"
"현재 가동률 60%인 수술실을 90%로 올리려면 어떻게 해야 하나?

이 두 가지에 대한 보고를 위해 담당자는 어떤 정보를 찾았을까? 어떤 정보를 수집하면 효과적으로 내용을 준비할 수 있을까?

먼저 대기 시간을 확인하기 위해서 모았던 정보는 '환자들이 대기표를 뽑은 시간과 실제 문진의 결과가 입력된 시간'이었다. 이를 통해 대기시간을 정확하게 파악할 수 있었다.

두 번째 가동률을 높이기 위해서 수집한 정보는 '국내 빅 5 병원 중 가동률이 90% 이상인 곳의 정보들을 받아보는 것', 즉 벤치마킹이었다.

현장에서 정보를 모을 때 인터넷만 뒤지는 사람들이 많다. 그런데 실제로 정보를 수준 높게 모으려면 현장에 기반한 정보를 모으는 것이 중요하다. 현장에 고객이 있고, 현장에 진짜 문제가 있기 때문이다. 이를 위해 효과적으로 정보를 수집하는 방법들을 살펴보자.

- **설문** 실제 현장의 목소리를 듣는다는 점에서 효과적인 방법이다. 기획서 또는 보고서에서 이런 설문이 뒷받침되고, 고객 및 직원들의 목소리가 나오면 상사를 설득하기 쉬워진다.

- **포커스 그룹 인터뷰(FGI)** 설문이 정량화된 자료를 모을 수 있다는 점에서 효과적이지만 깊이를 확보하기는 쉽지 않다. 이런 경우 포커스 그룹을 모아서 그들의 생생한 목소리와 의견을 취합하는 것은 현장 중심의 관점을 확보할 수 있다는 장점이 있다.

- **관찰** 실제로 사람들의 모습을 관찰하는 것이다. 사람은 자신의 모습, 행동에 대해 잘 모르는 경우가 많다. 이때 객관적 입장에서 관찰하고 그 결과를 기술하는 것은 내용의 신뢰성을 높여줄 수 있다.

- **전문가 진단/인터뷰** 깊이 있는 분석이나 권위를 확보하고 싶을 때 사용할 수 있는 효과적 방법이다. 특히 외부의 전문가가 제시하는 의견은 자료의 객관성과 새로운 인사이트(통찰)를 얻기에 좋은 방법이다.

- **2차 정보**(신문, 전문지 등) 자료를 폭넓게 모을 수 있는 효과적 방법이다. 특히 권위 있고, 신뢰할 수 있는 곳에서 발간된 자료라면 메시지의 설득력을 더욱 높일 수 있다.

## 수준 높은 정보력을 키우는 법 2. 의미를 뽑아라

정보를 모으는 것 이상으로 중요한 것은 정보의 의미를 뽑아내는 것이다. 다양한 정보 속에서 어떤 의미, 즉 어떤 인사이트를 도출하는지가 문서의 가치를 결정한다. 이를 위해 정보의 수준에 대해 살펴보자.

**정보의 수준**

정보는 가공된 수준에 따라 자료(Data), 정보(Information), 지능/정보/지성(Intelligence)으로 분류될 수 있다. 자료는 조사나 분석을 위한 모든 재료를 의미한다. 이러한 자료를 목적과 의도를 가지고 수집하면 정보가 된다. 중요한 것은 단순히 자료를 수집하는 것으로 가치있는 정보가 되지는 않는다는 점이다. 수집이 의미가 있기 위해서는 먼저 '목적, 의도'가 선행되어야 한다. 그리고 이렇게 모아진 정보를 분석하고 가공하면 지능이 된다.

현장에서 문서의 가치는 어떤 수준의 정보를 상사에게 전달하는가에 달려 있다. 물론 주니어 시기에는 상사가 시키는 정보만 잘 모아도 칭찬받을 수 있다. 그러나 직급이 올라갈수록 정보의 수준을 관리할 필요가 있다. 분석과 가공을 잘하기 위해서는 MECE, Why so/So what이라는 분석 도구를 잘 활용해야 한다.

김 과장은 사장님의 과제 파악, 목적 파악, A.S.K 분석을 마쳤다. 그렇다면 이제 정보를 수집해야 한다. 어떤 정보를 모으면 좋을까? 평상시 해왔던 것처럼 우선 열심히 닥치는 대로 정보들을 모으기 시작했다.

임직원 체중, 자사 임직원 BMI(신체질량지수), 입사 당시와 현재의 체중 차이
동종 업계 직장인 BMI 평균, 성별/연령별/소속별 체중, 직원들의 식습관
운동 습관, 선호하는 운동 방법, 비만으로 인한 직원들의 질병 현황
비만이 회사 분위기에 미치는 영향, 비만과 업무 효율성의 관계

한 달 내내 열심히 정보를 모았고, 나름 뿌듯했다. 이제 김 과장은 이 내용을 가지고 기획서를 작성하려고 한다. 김 과장은 기획서를 제대로 작성할 수 있을까? 아마 이 기획서는 아무리 잘 써봐야 '예쁜 쓰레기' 수준을 벗어나기 힘들 것이다.
왜 그럴까? 김 과장이 모은 정보들을 분류해보자. 목적과 의도를 가지고 자료를 수집하면 정보가 된다고 했다. 즉 정보에는 수집 이전에 나름의 목적과 의도가 있다. 예를 들어 임직원 체중 정보를 수집한 이유는 무엇일까? 아마도 직원들의 비만 문제가 얼마나 심각한지 알기 위해서일 것이다. 이런 관점에서 본다면 운동 습관, 식습관 등의 자료는 왜 직원들의 비만율이 높은지를 알기 위해서일 것이다.

"얼마나 심각한가?"라는 것을 문서의 용어로 풀어본다면 '현황'이라고 부를 수 있다. "왜 심각한가?"는 '원인'이 된다. 그러면 "왜 다이어트를 해야 하는가?"는 무엇일까? 바로 '배경'이라고 할 수 있다.

이런 관점으로 김 과장의 정보를 살펴보면 몇 가지 오류가 있다.

**첫째, 현황 정보가 너무 많다.** 얼마나 심각한지를 알기 위해서 이 많은 정보를 다 조사할 필요가 있을까? 정말 시간이 많고, 백과사전을 만들기 위해서라면 의미가 있을 것이다. 하지만 효율성을 고민한다면 핵심 정보 위주로 모을 필요가 있다. 가장 가치 있는 정보는 당사 직원들의 BMI 지수일 것이다. 또 얼마나 심각한지를 효과적으로 보여주기 위해 업계 평균 BMI를 조사하는 것이 좋다. 만약 좀 더 입체적으로 보여주고 싶다면 최근 3년간 직원들의 비만도 추이를 보여주는 것이 좋다.

**둘째, 원인 정보가 빈약하다.** 식습관, 운동 습관을 조사하면 직원들의 비만 원인이 나올까? 의미 있는 원인을 뽑아내기는 쉽지 않을 것이다.

**셋째, 이 문서에서 배경 정보는 무의미하다.** 앞에 있었던 상사의 A.S.K. 분석을 기억해보자. 이 과제의 지시자인 사장은 이 내용에 대해 긍정적이고 적극적이다. 이미 동의하고 있다. 이런 상황에서 배경 정보를 많이 모으는 것은 의미가 없다.

## 무계획적인 김과장의 정보 수집의 모습

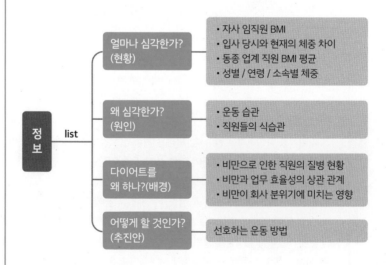

이렇게 정보를 모으는 방식은 현장에서 우리가 야근을 하는 주요한 이유가 된다.

그렇다면 어떻게 효과적으로 정보를 수집할 수 있을까?
우선 김 과장은 스스로 어떤 정보가 필요한지 이렇게 질문해봐야 한다.

'사장님이 동의하고 계시니 배경 정보는 의미가 별로 없겠고, 현황과 원인 중심의 분석이 필요하겠군.

그럼, 현황 정보로는 뭐가 좋을까? 그래! 우리 직원들의 BMI 지수를 확인하면 좋겠네. 그리고 아무래도 업계 대비 얼마나 심각한지 조사하기 위해서 업계 평균 BMI를 조사해봐야겠어. 마침 우리 건강검진기관이 업계 대부분의 회사를 검진하고 있으니 그쪽에 부탁하면 좋겠군.

원인 조사를 위해서는 뭐가 좋을까? 아무래도 설문이 필요하겠고, 인터뷰도 좀 해봐야겠지. 그리고 직원 식당의 칼로리도 한 번 조사해봐야겠네.'

이렇게 정보 수집 계획을 세운 모습을 싱크패드에 채운 모습이다.

| 논리성-A | 1) 현황 :<br>- 자사 직원 비만율, 업계 평균<br>- 최근 5년간 직원 비만율 추이 |
|---|---|
| ☐ 배경<br>☑ 현황<br>☑ 원인 | 2) 원인 :<br>- 설문 / 포커스 그룹 인터뷰(FGI)<br>- 자사 식당 칼로리 / 회식 문화<br>- 전문가 인터뷰 / 자료 조사 |

# 정보를 분석하고 가공하는 법

## 08

정보를 분석하고 가공하는 기본 원리는 MECE(Mutually Exclusive, Collectively Exhaustive)다. MECE는 중복도 누락도 없게 분리하는 기준을 말한다. 그렇다면 MECE하게 분류하는 것이 왜 중요할까?

예를 들어보자. 아내가 마트에서 장을 봐달라고 한다. 아이템은 '사과, 감자, 요거트, 당근, 포도, 우유, 오렌지, 치즈, 생크림'이다. 이 9개의 아이템으로 어떤 시사점을 도출할 수 있을까? 강의 현장에서 이 정보들의 시사점을 물어보면 '식재료다', '아침 식재료다', '저녁 식재료다', '간식거리다', '아이가 있다' 등의 답들이 쏟아져 나온다. 여기서 어떤 특정한 시사점을 뽑기는 어렵다. 생각하는 그것이 답이 된다.

업무 현장에서도 마찬가지다. 우리가 상사에게 정보만 제공하면 그 내용에서 특정한 시사점을 정리해내기 어렵다.

예를 들어보자. 김 과장은 신사업 추진 배경으로 다음과 같은 내용을
임원에게 보고했다.

---

**■ E사업 추진 배경**

1) E시장은 성장기에 있으며, 매년 10%의 성장세를 보이고 있음

2) 과점 형태로 강자가 존재하지 않고, 중소 업체들이 시장을 점유하고 있음

3) 기존 당사 사업의 유통 채널을 활용할 수 있어 시너지가 가능하며, 고객들이 당사
   와의 사업 연관성에 높은 공감을 보이고 있음

4) 시장의 잠재 규모가 크고, 추후 10년간 지속 성장할 것으로 보임

5) 당사는 여유 자금을 보유하고 있어, 자금 조달에 어려움이 없을 것으로 판단됨

---

자, 이 내용을 읽고 담당 임원은 추진 배경이 뭔지 바로 알 수 있을까?

임원이 묻는다.

"추진 배경이 뭔가?"

김 과장은 대답한다.

"한번 읽어보시죠! 내용이 주옥같습니다."

답답한 임원이 한숨을 쉬면서 다시 묻는다.

"그러니까 추진 배경이 몇 가지야?"

앞의 내용을 보자. 추진 배경은 몇 가지인가? 다섯 가지라고 말한다
면, 다시 좀 더 볼 필요가 있다. 내용을 봤을 때 1)의 내용과 4)의 내용이
유사하고, 3)과 5)는 내용의 연결이 가능하다. 즉 읽었는데 추진 배경이
몇 가지인지도 답하기가 쉽지 않다. 현장에서 정보를 정리하지 않으면

이런 일이 발생한다. 현장에서 문서를 보면 이와 유사한 사례가 많은데, 바로 내용 정리의 실패에서 기인하는 오류다.

MECE는 이런 증상을 해결하는 데 좋은 접근이 된다. 앞에서 예를 들었던 아이템들을 생각해보자. 9개의 아이템들을 MECE하게 분류해본다면 가장 쉽게 식품 종류로 분류할 수 있다. 이런 경우, 과일류(사과, 오렌지, 포도), 유제품류(우유, 치즈, 생크림, 요거트), 채소류(감자, 당근)로 분류할 수 있다. 그렇다면 어떤 의미를 뽑아낼 수 있을까? 이런 분석이 가능해진다.

"구매하는 품목이 과일류 3개, 유제품류 4개, 채소류 2개로 아내분은 어떤 요리를 주로 하고, 무엇을 먹지 않는 ○○주의로 추정됩니다."

또 다른 방식으로 이 아이템들을 어른이 좋아하는 것, 아이들이 좋아하는 것으로 분류했다. 그 결과 아이들이 좋아하는 것이 월등히 많다면 아마 "이런 구매 패턴으로 보아 이 집은 아이들이 많고 식단의 중심이 아이들에게 맞춰진 것으로 보입니다"라는 분석이 가능하다.

## 정보 분석의 방법: MECE하게 분류하고 의미를 뽑아라!

앞에서 '배경, 현황, 원인'은 사실에 기반해야 한다고 말했다. 이런 항목으로 분류하기 위해 많은 정보를 모아야 한다. 그런데 이런 정보를 방대하게 모아서 방대한 상태로 보고한다면 막대한 욕을 먹게 된다. 이런 문서를 상사에게 준다면 "내가 정리했으니, 읽는 너님이 정리하시죠!" 라고 말하는 것이기 때문이다.

그렇다면 정보를 잘 분석해서 상사에게 가치 있는 결과물을 전하기 위한 프로세스를 살펴보자.

### 1단계: 정보를 '적합한 MECE의 틀'로 분류한다

정보를 수집했다면 MECE하게 분류한다. 이때 기억해야 할 것이 있다. 적합한 분류의 틀은 분류의 목적이 정하기 때문에, 목적에 맞는 틀을 사용해야 한다.

무를 자른다.
깍두기를 만들려면? 깍둑썰기 해야 한다.
생채를 만들려면? 채썰기!
나박김치를 만들려면? 나박썰기

같은 재료를 자르더라도 목적이 무엇인지에 따라 자르는 틀이 달라야 한다. 그래야 의도한 음식을 잘 만들 수 있다.

만약 경영 기획팀에서 내년도 사업 계획을 세우기 위해 환경 분석을 한다면 어떤 분류의 틀이 좋을까? 그때는 시장 전체를 분류할 수 있는 PEST(Politics(정치), Econimics(경제), Social(사회), Technology(기술)) 분석부터 시작하는 게 좋다. 만약 영업 담당자가 아이템에 맞는 사업 계획을 준비하려면 어떤 게 좋을까? 그때는 고객(Customer), 경쟁사(Competitor), 자사(Company) 등을 분석하는 3C 분석을 수행하는 것이 적절하다. 즉 목적에 맞는 틀을 사용해야 유의미한 결과물이 나온다. 이를 위해 평상시에 내용을 자르는 틀들을 머리에 담아두는 것이 좋다.

MECE하게 접근하는 방식은 몇 가지 유형이 있다.

- **대립형** 서로 대립되는 개념의 용어로 정리
  → 찬성과 반대, 긍정과 부정, 칭찬과 불만, 강점과 약점, 기회와 위협, 기존과 신규 등

- **곱하기형** 대상을 인수분해해서 인수로 쪼개는 법
  → 매출 = 단가 × 수량
  시장점유율 = 커버리지 × 승률
  영업 이익 = 매출액 × 영업 이익률 등

- **더하기형** 대상을 구성하는 요소의 합으로 정리하는 방법
  → 3C: Customer(고객), Competitor(경쟁사), Company(회사)
  7S: Shared Value(공유 가치), Strategy(전략), Structure(구조), System(시스템), Skill(기술), Staff(직원), Style(스타일)
  4P: Place(장소), Price(가격), Product(제품), Promotion(프로모션)
  4M: Machine(기계), Man(사람), Material(재료), Method(방법)

• **프로세스형** 시간의 흐름, 절차, 단계의 순서로 정리하는 방법

→ Plan(계획)-Do(실행)-See(평가)

Value chain(가치사슬)

DMAIC: Define(정의)-Measure(측정)-Analysis(분석)-Improve(개선)-

Control(관리)

Business system(비즈니스 시스템)

Product life cycle(제품 수명주기): 도입기-성장기-성숙기-쇠퇴기


## 2단계: 분류된 내용에서 의미를 도출하는 마법의 단어, 'So what!'

정보를 분류했다면, 의미를 뽑아야 한다. 핵심 메시지는 무엇인가? 시사점을 도출한다면 어떻게 말할 수 있을 것인가? 이럴 때 쉬운 방법이 있다. 스스로 '그래서(So what)?'를 묻는 것이다. 만약 이 단계에서 스스로 묻지 않으면 나중에 레이저 광선 같은 눈빛으로 상사가 물을 것이다. 메시지가 간결해질 때까지, 가급적 한 문장으로 정리될 수 있을 때까지 'So what'을 물어라.


MECE하게 내용을 정리하고 의미를 도출하는 과정을 연습해보자.


E시장에 진입해야 할지를 묻는 상사의 과제를 받은 후 당신의 팀은 시장 현황을 조사했다. 당신의 팀이 조사한 시장의 상황은 다음과 같다.

1. 시장이 성장기에 있다. 최근 5년간 평균 성장률 10%이고, 향후 5년간 연평균 성장률 10%가 예상된다.

2. 경쟁 양상에 아직 별다른 특색이 나타나고 있지 않다.

3. 주요 플레이어(Player)는 A사, B사, C사, D사이며 압도적 점유율을 보이는 업체는 없다.

   시장점유율: A사(5%), B사(5%), C사(4%), D사(4%)

   ※ 나머지 82%는 다수의 영세 업체들이 점유하고 있다.

4. 당사는 E사업 추진 시 기존의 판매 채널을 활용할 수 있다.

5. E사업 추진 시 당사의 X사업 엔지니어들을 활용할 수 있다.

6. 고객 특성 : 고객들은 E사업 분야의 제품의 대해 브랜드보다 기능 측면을 중시하고 있다. 특히 속도, 편의성이 높은 제품의 특성을 중요하게 생각한다.

7. 시장의 잠재 규모가 크다. 타국의 사례(영국, 미국)를 검토한 결과, 국민 소득 3만 5,000달러 시점에서 시장이 급격히 확대되었다.

8. 당사는 기존 사업의 호황으로 당분간 현금흐름(Cash flow)에 여유가 있다.

9. 고객들은 당사의 이미지와 해당 사업 영역에 연관성을 강하게 느끼고 있다.

이 내용을 어떻게 분류하는 것이 좋을까? '내부 – 외부' 또는 '경쟁 – 고객 – 당사'로도 분류할 수 있을 것이다. 이 외에도 '긍정 측면 – 부정 측면', '기존 요인 – 미래 요인' 등으로도 가능할 것이다.

무난하게 '시장(1, 6, 7) – 경쟁(2, 3) – 당사(4, 5, 8, 9)'로 분류해보았다.

이렇게 분류했다면 '그래서?'를 물어보자.

시장 정보가 1, 6, 7이라면 시장의 메시지는 어떻게 정리할 수 있을까? 1과 7의 내용을 중심으로 '시장의 성장성이 좋다'라는 정리가 가능하다. 6의 내용으로는 '고객의 기존 브랜드 충성도가 약하므로, 후발 업체의 진입이 다소 용이하다'라고 정리할 수 있지 않을까? 이를 통해 시장 정보(1, 6, 7)를 '시장이 성장성 면에서 매력도가 높고 고객 성향상 후발 주자의 진입이 용이하다'라고 정리할 수 있다.

그렇다면 이렇게 정리된 메시지는 "E사업을 추진해야 하는가?"라고 묻는 상사에게 '시장 측면에서의 답'을 줄 수 있을 것이다. 분석을 통해 정리된 메시지는 '분석의 과제'에 답을 주어야 한다.

### 3단계: 간결한 메시지로 정리하라

이렇게 분석의 과정을 거쳤다면, 이제 이 내용으로 문장을 정리할 수 있다. 현장에서 우리는 상사들이 "간결하게 좀 안 돼?"라고 다그치는 요구를 종종 듣는다. 그런데 간결하게 써낼 수 있으려면 먼저 간결하게 내용을 정리해야 한다.

간결하게, 한 문장으로 전할 수 있는 내용이어야 상사에게 간결하게 정리해줄 수 있다. 내일부터 당장 바뀐 모습을 보여주고 싶다면, 이런 분석의 프로세스와 간결한 메시지를 문서에 담아라. 핵심이 명확해진 문서는 상사가 훨씬 더 빨리 이해할 수 있다.

Case Study 6

김 과장은 수집한 정보들을 MECE하게 정리하여 분석하기 시작했다.
우선 현황 정보를 정리했다. 현황에서 상사가 묻고 있는 질문은 "우리 직원의 비만이 얼마나 심각한가?"이다.
이를 위해 당사의 비만도와 업계 평균 비만도를 BMI 지표의 5단계를 기준으로 정리했다.

## 당사의 비만도 현황(업계 평균과 비교)

| 현재 상태<br>(BMI 지수) | 저체중<br>(<18.5) | 정상<br>(18.5~22.9) | 위험 체중<br>(23~24.9) | 1단계 비만<br>(25~29.9) | 2단계 비만<br>(30 이상) |
|---|---|---|---|---|---|
| 당사 | 5% | 25% | 15% | 40% | 15% |
| 업계 평균 | 5% | 40% | 40% | 5% | 5% |

이를 통해 어떤 메시지를 추출할 수 있을까? 우선 비만의 양적 측면에서 당사 비만 직원은 70%로 업계 평균과 비교했을 때 20% 더 높다는 점이다. 동시에 비만의 질적 측면에서 대부분의 비만 직원이 1단계, 2단계에 집중되어 있어서 업계 평균 대비 심각한 양상을 보인다는 점이다.

그렇다면 당사의 비만 원인은 어떻게 정리할 수 있을까? 원인과 관련하여 상사가 묻고 있는 질문은 "왜 이렇게 비만이 심각하지?"라고 생각할 수 있다. 이를 위해 앞에서 설문, FGI(포커스 그룹 인터뷰), 관찰, 전문가 인터뷰, 정보를 수집한 결과 다양한 현장의 목소리를 들을 수 있었다.

☑ **직원 설문**

☑ **Focus Group interview**

☑ **식단 / 회식 관련 사항**

☑ **전문가 인터뷰**

☑ **2차 정보 : 전문지, 신문지 등**

> 직원의 운동 부족, 메뉴의 고칼로리, 앉아서 근무하는 근무 조건, 야근이 많아 운동할 시간이 부족, 회사 내에 운동 동아리가 없다.
>
> 직원 성향이 소극적인 부분이 있다.
> 술을 마시는 회식 문화가 있다.
> 회식을 할 때 고기와 고영양분 위주로 먹는다.
> 통근 거리가 길어서 항상 피곤하다.
> 직원들이 비만의 위험성을 잘 모른다.
>
> 관리를 해주는 사람이 없다.
> 출퇴근을 주로 자가 차량으로 한다.
> 야식/간식 문화가 발달되어 있다.
> 운동을 할 수 있는 공간이 없다.
> 살이 쪄도 불편함이 없다.
>
> 살이 찌는 커피믹스 외에 다른 차(Tea)가 없다.
> 업무상 불규칙적인 식사, 아침을 거르는 경우가 많다.

이렇게 모아진 내용에서 당사의 비만 원인을 뽑아낼 수 있을까? 이러한 상태의 정보에서 시사점을 뽑아내기는 어렵다. 이렇게 분석이 안 된 상태에서 자꾸 원인을 도출하려고 하면 '당사의 비만 원인은 총체적이고 시스템적인 측면에 기인하고 있음'이라는 뜬구름 잡는 얘기만 하게 된다. 의미 있는 분석을 위해서는 정보를 MECE하게 분류해야 한다.

일단 개인 측면과 조직 측면으로 분류가 가능해진다. 조직 측면에서 보면 회식, 식단, 분위기, 근무 환경으로 세부 내용들을 정리할 수 있다. 그리고 각각의 내용에서 'So what?'을 물어서 내용을 정리해보면, 식단이 아니라 '고칼로리 식사 환경', 회식이 아니라 '살찌는 회식 문화' 등으로 정리할 수 있다. 이렇게 내용들을 압축해서 원인들을 정리하면 다음과 같이 7개의 주요 내용으로 정리가 가능하다. 그리고 그중 가장 주요한 원인 네 가지를 선별했다.

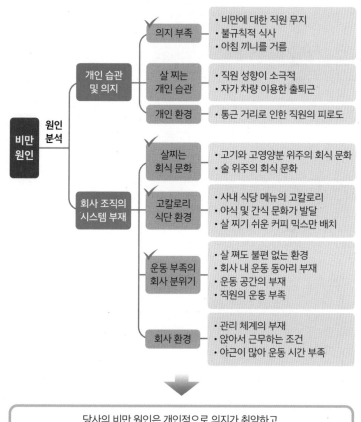

| | | |
|---|---|---|
| **비만 원인** / 원인 분석 | 개인 습관 및 의지 | 의지 부족 → • 비만에 대한 직원 무지 • 불규칙적 식사 • 아침 끼니를 거름 |
| | | 살 찌는 개인 습관 → • 직원 성향이 소극적 • 자가 차량 이용한 출퇴근 |
| | | 개인 환경 → • 통근 거리로 인한 직원의 피로도 |
| | 회사 조직의 시스템 부재 | 살찌는 회식 문화 → • 고기와 고영양분 위주의 회식 문화 • 술 위주의 회식 문화 |
| | | 고칼로리 식단 환경 → • 사내 식당 메뉴의 고칼로리 • 야식 및 간식 문화가 발달 • 살 찌기 쉬운 커피 믹스만 배치 |
| | | 운동 부족의 회사 분위기 → • 살 쪄도 불편 없는 환경 • 회사 내 운동 동아리 부재 • 운동 공간의 부재 • 직원의 운동 부족 |
| | | 회사 환경 → • 관리 체계의 부재 • 앉아서 근무하는 조건 • 야근이 많아 운동 시간 부족 |

당사의 비만 원인은 개인적으로 의지가 취약하고,
조직적으로 고칼로리 환경과 운동하지 않은 분위기에 기인한다.

이렇게 분석된 내용으로 싱크패드를 완성하면 '논리성' 부분은 다음과 같이 정리할 수 있다.

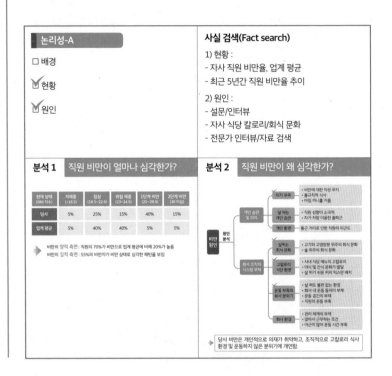

# 명확한 목표를 설정하라

## 09

직장인이라면 꼭 구분해서 사용해야 하지만, 현장에서 혼용되는 단어가 '목적'과 '목표'다. 모두 다 알 것 같지만 정작 그 의미를 물으면 대답을 잘 못한다. 예를 들면 "금년의 목표는 무엇입니까?"라는 질문에 대해 "열심히 사는 거요", "가족과 행복하게 사는 거요", "긍정적으로 사는 것입니다"라는 대답을 진지하게 하는 사람들이 있다. 그러나 이러한 내용들은 '목표'와는 거리가 있다.

목적을 '어떤 것을 하는 근본적 이유'라고 정의한다면, 목표는 '어떤 목적을 이루려고 지향하는 실제적 대상'을 말한다. 목적은 근본적 이유와 방향에 그 중심이 있다면, 목표는 그 목적을 달성하기 위한 지향점을 의미한다. 따라서 목표의 의미를 정의한다면 "목적에 대해 '언제까지 얼마나' 하겠다"라고 말할 수 있다. 의미에서 알 수 있는 바와 같이 목표에는 반드시 '기한'과 '수준(Level)'이 제시되어야 한다.

이를 도식화해보면 목적과 목표는 다음과 같은 모습이다.

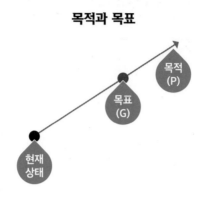

**목적과 목표**

일정한 방향성으로 정의될 수 있는 '목적'에 대해 목표는 '목적 선상의 한 점'으로 표현될 수 있다.


## 목표의 4가지 요건

목적과 목표의 의미를 이해했다면, 이제 목표가 갖춰야 할 네 가지의 조건을 기억할 필요가 있다. 이를 살펴보기 위해 다음의 문제를 풀어보자. 다음은 '가족과의 행복한 삶'이라는 인생의 목적을 가진 김 과장이 작성한 목표들이다. 이 중에서 목표의 요건을 잘 갖추고 있는 것은 무엇일까?

목표 1. 나는 금년에 아파트를 구매한다.

목표 2. 나는 긍정적으로 살겠다.

목표 3. 나는 금년 주식 투자에 몰입해서 100,000%의 수익률을 거두겠다.

목표 4. 나는 주말용 아르바이트와 야간 아르바이트를 구해 스리 잡(Three job)을 하겠다.

## 목표의 요건 1. 구체성(Specific): 언제까지, 어느 정도 수준

목표의 요건 첫 번째는 구체성이다. 구체성이라는 것은 '언제까지, 어느 정도 수준'인지가 명확한 것을 말한다. 이런 관점에서 본다면 김 과장의 목표 1은 구체성이라는 요건을 만족하고 있지 않다. 명확하게 금년 ##월 ##일, ##아파트, ##동 ##평을 구매하겠다는 내용이 제시되어야 한다. 목표는 구체적이어야 한다.

## 목표의 요건 2. 측정 가능성(Measurable): 어떻게 측정할 것인가

목표의 두 번째 요건은 달성했는지 못했는지를 측정할 수 있어야 한다는 것이다. 얼마나 달성했고, 또 언제 달성할 수 있는지를 알 수 있어야 한다. 목표 대비 현재의 달성 수준을 말할 수 있어야 실행 방안의 효과성을 알 수 있기 때문이다. 단순히 "열심히 하겠습니다"라는 말은 업무 현장에서 상사를 답답하게 만든다. 측정 가능성이 없다는 점에서 김 과장의 목표 2는 잘못된 목표다.

'차라리 하루에 3번 20초간 크게 웃겠다', '아이들과 저녁에 10분씩

매일 놀아준다'가 훨씬 좋은 목표이다. 측정 가능성이 확보되기 위해서 목표는 구체성을 확보해야 한다. 동시에 '어떻게 측정할 것인가?'라는 '측정의 수단'이 함께 고민되어야 한다. 예를 들어 '직원들의 흡연율을 10% 이하의 수준으로 줄이겠다'라고 한다면 어떻게 흡연율을 측정할 것인지에 대한 방법이 제시되어야 한다. 단지 직원들의 설문 조사로 할 것인지, 혈액 검사를 통해서 할 것인지, 의무실의 장비를 이용해서 할 것인지 등이 명확해야 한다.

## 목표의 요건 3. 도달 가능성(Achievable): 진짜 할 수 있어?

목표는 도달할 수 있어야 한다. 입시를 앞두고 공부할 때의 일이다. 항상 의욕에 불타서 자신의 책상 앞에 '수학의 정석 끝까지 다 보기'라는 문구를 붙여두었던 친구가 있었다. 처음 30분 동안 공부할 때는 눈에서 불이 나오게 열심히 한다. 그런데 정작 자율학습이 끝날 때쯤에는 처음 5페이지를 넘기지 못한 채 잠을 자고 있었다.

목표가 현실과 거리가 멀면 하다가 의욕이 떨어진다. 목표는 도달 가능성이 있어야 한다. 이런 점에서 김 과장의 목표 3도 잘못되어 있다. 한 해에 1,000배, 즉 100,000%의 수익률을 거둘 수 있다면 얼마나 좋을까. 하지만 이는 현실적이지 않다. 현장에서 금년도 시장점유율 1%인데, 90%의 시장점유율을 달성하겠다고 부르짖는 그 '의욕'은 높이 살 만하다. 하지만 목표의 도달 가능성 측면에서는 '헛소리'일 가능성이 크다.

## 목표의 요건 4-1. 양립 가능성(Compatible) : 목적과의 양립 가능성

목표의 정의에서도 알수 있는 것처럼 '목표는 목적과 양립'이 가능해야 한다. 즉 목표를 달성하는 것이 곧 목적을 달성하는 것과 동일한 의미가 되어야 한다. 이는 앞에서 제시한 〈목적과 목표〉(106쪽)를 통해서 쉽게 알 수 있다. 목표가 목적 선상에 위치하기 때문에 현재 상황에서 목표를 달성하기 위해 전략을 실행하면 당연히 목적을 달성하는 것이 된다. 그런데 현실에서 보면 목표 달성과 목적 달성이 별개인 경우가 있다.

예를 들어 김 과장의 목표 4 '스리 잡(Three job)'을 생각해보자. 야간 아르바이트와 주말 아르바이트를 할 수는 있다. 이럴 경우 더 많은 돈을 벌 수도 있고, 가족에게 그 돈으로 해줄 수 있는 것이 더 많아질 수 있다. 중요한 것은 이렇게 스리 잡을 할 경우 자신이 목적으로 두고 있는 가족과의 행복한 삶은 어렵다는 것이다. 현장에서 어떤 사람은 "아내는 행복하게 해줄 수 있을 것 같다"라고 말했다. 물론 그럴 수는 있을지 모르지만 자신의 행복한 삶은 불가능하다.

'안정적 수익 달성'이라는 목적을 두고 있는 영업 사원이 미회수 가능성이 높은 거래처와 거래 목표를 많이 잡아두는 것 역시 이러한 양립 가능성에서 오류가 있는 목표다. 목적에 대해 이런 목표를 설정했다면, 목표 달성을 위해 열심히 노력할수록 목적과 더욱 거리가 멀어지게 된다.

## 목표의 요건 4-2. 양립 가능성(Compatible) : 상위 목표와의 양립 가능성

앞에서 살펴본 양립 가능성의 내용이 자신의 목적과 목표가 갖는 양립 가능성이었다면, 상사 또는 상위 조직과의 측면에서도 살펴봐야 한다. 하위 조직의 목표는 반드시 상위 조직의 목표와 양립이 가능해야 한다. 따라서 개인의 목표를 달성하는 것이 팀의 목표를 달성하는 것이 되어야 하고, 팀의 목표를 달성하는 것이 본부의 목표를 달성하는 것이 되어야 한다. 만약 팀장의 팀 달성 목표 중 하나가 '부실 채권의 제로화'라고 해보자. 그런데 팀원은 '공격적인 거래를 통해서 상반기까지 매출 목표 70% 달성'이라는 목표를 세워놓았다. 그래서 이를 달성하기 위해 '위험을 무릅쓰고 부실고객이라도 거래를 늘리겠다'라는 생각을 한다면, 이러한 팀원은 분명 팀장의 고민거리가 될 수 있다. 또한 매번 팀장은 이 팀원이 하려는 거래에 대해 '안정적인 대금 회수 방안'을 묻게 될 것이다. 따라서 팀원은 거래에 앞서 '안정성 확보 방안'을 깊이 고민해야 한다. 각 하위 조직의 목표는 상위 조직의 목표와 양립 가능성이 준수되어야 한다. 그렇지 않다면 '열심히 헛일'을 하게 될 뿐이다.

**하위 조직과 상위 조직의 목표는 양립되어야 한다**

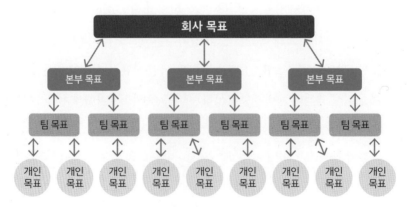

## 목적과 목표

잘 세워진 목적과 목표의 사례를 살펴보자.

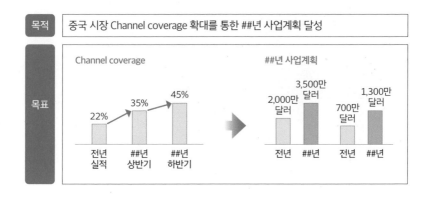

제시된 내용의 목적을 살펴보고 'What(무엇)'과 'Why(왜)'를 찾아보자. 내용을 보면 'What'은 중국 시장의 채널 커버리지(channel coverage) 확대라고 할 수 있다. Why는 ##년 사업계획 달성이다. 이에 대해 목표는 커버리지를 언제까지, 얼마나 확대하겠다고 되어 있다. 일반적으로 목표는 목적의 What에 대해 언제까지, 어느 정도의 모습으로 정리된다. 그리고 이를 통해 목표를 달성하면 Why를 이룰 수 있다. 안타까운 것은 현장의 많은 기획서에서 목적의 What과 Why를 찾기 쉽지 않다는 점이다. 목적이 불확실하면 목표가 제대로 정리되지 않는다. 이는 부실한 실행안을 만들게 되는 주요 원인이다.

김 과장은 실행안의 빈칸을 채워가기 위해 목표를 설정한다. 목적의 What은 비만 임직원의 다이어트였으니 목표는 언제까지 비만 직원을 얼마나 줄이겠다는 모습으로 정리될 수 있다.

목적   What: 비만 임직원의 다이어트, Why: 건강하고 활기찬 회사 분위기 조성

목표   비만 임직원의 OO%, 정상 체중으로(##년 ##월까지)

## 구체성-G, E

| 현재 상태<br>(BMI 지수) | 저체중<br>(<18.5) | 정상<br>(18.5~22.9) | 위험 체중<br>(23~24.9) | 1단계 비만<br>(25~29.9) | 2단계 비만<br>(30 이상) |
|---|---|---|---|---|---|
| 당사<br>(현재 상태) | 5% | 25% | 15% | 40% | 15% |
| 목표<br>(##년 ##월) | 10% | 40% | 40% | 5% | 5% |
| 업계 평균<br>(참고, ##년 기준) | 5% | 40% | 40% | 5% | 5% |

# 실행 전략의 조건과 문서의 논리적 일관성

## 10

많은 기획 문서가 '이렇게 합시다'라는 것을 말하기 위해 작성된다. 상사의 결재를 받아서 행사를 진행하든 또는 새로운 사업을 시작하든, 대부분의 경우 이러한 실행안(또는 실행 전략)을 중심으로 문서가 작성된다. 그리고 실행에 관련된 내용들로 기획서의 많은 분량을 채운다. 문서를 작성할 때 우리가 실행안으로 제시하는 내용이 갖춰야 하는 몇 가지 사항을 짚어볼 필요가 있다. 거창한 실행 전략을 생각하느라, 문서의 기본적인 조건조차 만족시키지 못하는 내용들이 많기 때문이다.

## '실행안'의 의미와 문서의 논리적 연계성

현장 문서에서 실행안은 문서 내용의 대부분을 차지한다. 실행안과 직접적으로 연관이 있는 내용인 실행 방향, 세부 실행안, 일정별 실행 내용 등으로 세분화되어 문서의 각 항목으로 제시되기도 한다. 그런데 이러한 실행안은 반드시 전제되어야 할 조건이 있다. 바로 문서에서 제시되는 다른 내용과의 논리적 연계성이다. 다음 문서를 살펴보자.

---

금년도 회사의 거래처를 하기와 같이 정하고자 합니다. 결재하여 주시기 바랍니다.

**1. A 거래처**
 - 총 거래량: 20만 건    - 총 비용: 2억 5,000만 원

**2. B 거래처**
 - 총 거래량: 35만 건    - 총 비용: 2억 8,000만 원

**3. C 거래처**
 - 총 거래량: 20만 건    - 총 비용: 2억 2,000만 원

* 총 3개 거래처 거래량: 75만 건  /  총 비용: 7억 5,000만 원

---

이것은 어떻게 실행하겠으니, 결재해달라는 내용이다. 담당자 입장에서 많은 고민 후 내용을 결정했겠지만, 상사 입장에서는 굉장히 불만족스러운 내용이다.

먼저 이 문서를 왜 썼는지 모르겠다. 새로 거래를 하겠다는 것인지, 기존의 거래처를 변경하겠다는 내용인지에 대해 전혀 감을 잡을 수 없는 상황이기 때문이다(목적의 부재). 그렇기 때문에 이것을 실행했을 경우 어떤 효과가 있고, 무엇을 달성할 수 있는지에 대한 내용 역시 알 수 없다(목표의 부재).

또한 이 3개의 거래처와 왜 거래해야 하는지에 대한 내용도 알 수 없다. 왜 꼭 3개 사인지, 또 가격의 단가도 다른데 왜 굳이 타사 대비 단가가 비싼 A사와 20만 건의 거래를 해야 하는지 알 수 없다(분석의 부재).

"이렇게 실행을 하겠습니다"라는 실행안을 말하고, 이것이 상대방에게 논리적으로 이해되도록 하기 위해서는 실행안의 다른 전제 조건들이 필요하다는 점을 기억해야 한다. 물론 이 문서 작성자는 상사가 세부 사항을 알고 있기에 이렇게 작성했을 가능성도 있다. 그러나 문서는 시간을 초월해서 하나의 기록으로 회사 DB에 남게 된다. 추후에 시간이 흘러 후임자가 처리 방식을 알기 위해 이 문서를 검토할 경우, 왜 이렇게 정했는지 전혀 알 수 없는 상황이 벌어진다.


## 실행안(E)은 핵심 구성 요소(P.A.G)와 '한 몸'이 되어야 한다

앞에서는 실행안이 문서의 다른 요소와 어떠한 관계를 맺는지 살펴봤다. 이제 각 요소의 의미를 통해 논리적 관계를 생각해보자.

- **실행안과 목표**  실행안 또는 실행 전략이란, '목표를 달성하기 위한 계획'으로 정의할 수 있다. 목표가 되는 지점에 도달하기 위한 구체적인 방법이 실행 전략이 되는 것이다. 즉 실행 전략을 얘기할 수 있으려면, 당연히 현재 지점과 목표 지점이 있음을 전제한다.

· **목표와 목적**  목표는 그 정의상 '목적에 대해 언제까지, 어느 정도 수준'으로 말할 수 있다. 목표가 있다는 것은 당연히 '목적'이 전제되어 있는 것이다.

· **실행안과 분석**  실행안이라고 하는 것은 당연히 이대로 하면 목표를 달성할 수 있다는 것을 의미한다. 즉 매출 증대안이라면, 그대로 실행하면 매출이 증대될 수 있어야 한다. 문제 해결안이라면 당연히 문제가 해결되어야 한다. 따라서 실행안은 감이나 느낌으로 튀어나오는 것이 아니라 철저한 상황 분석이 뒤따라야 한다. 깊이있는 분석이 뒷받침 되어야 실행안의 설득력이 높아지기 때문이다. 이러한 내용을 도식으로 정리한다면 다음과 같다.

**실행안의 전제 조건**

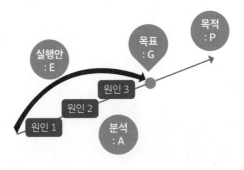

제대로 된 실행안이 되려면 분석과 목표가 필요하고, 목표는 다시 목적을 필요로 한다. 때문에 실행안(E)은 목적(P), 상황 분석(A), 목표(G)와

연계되어 있다.

이를 쉽게 설명하면, 좋은 기획서의 논리성은 'P.A.G.E.'라고 말할 수 있다. 문서의 핵심 내용인 P.A.G.E.가 지니는 논리적 탄탄함이 논리적 완결성이 높은 전개로 연결된다.


## 실행안의 핵심 조건(효과성과 현실성)

"실행안은 목표 달성을 위한 계획이다"라는 정의와 더불어 실행안은 또 다른 속성을 갖고 있다. 바로 "실행을 전제에 둔 계획이다"라는 점이다. 이 두 문장에서 실행안이 지녀야 할 두 가지 속성인 '효과성(목표 달성을 할 수 있다)'과 '현실성(실제로 시행할 수 있다)'을 떠올릴 수 있다. 예를 들어, 직원들의 사기를 올리기 위해 회사에서 일인당 50만 원의 비용을 사용하려고 한다. 이때 좋은 방법은 무엇이 있을까?

만약 "가족들과 동남아 휴양지로 여행을 보내준다"라는 실행안을 생각했다면, 이는 사기 증진이라는 목적에 맞으므로 효과성 측면에서 좋은 방안이라 할 수 있다. 그러나 현실적으로 실행하기 어렵다. 50만 원의 비용으로 가족 전체의 해외여행은 가능성이 없기 때문이다.

반면에 직원들에게 "50만 원어치의 과자를 사준다"라는 실행안을 검토한다면 이는 현실성이 100%라고 할 수 있다. 하지만 이 실행안의 효과성은 그리 좋지 않다. 50만 원어치의 과자를 받고 사기가 올라갈 직원은 거의 없을 것이기 때문이다. 따라서 실행안이라는 이름으로 내용

을 작성하기 위해서는 이러한 효과성과 현실성이라는 두 가지 조건을
고려해야 한다.

김 과장은 실행안을 구상하기 시작한다. 당사의 비만 원인은 네 가지로 '직원들의
의지 부족, 운동하지 않는 회사 분위기, 고칼로리 식단과 살찌는 회식 문화'였다.
식단과 회식 문화는 식생활과 관련된 것으로 하나의 항목으로 분류해 정리했다.
이러한 원인에 대해 아이디어를 도출해서 리스트를 정리해보았다. 그리고 도출된
아이디어 중에서 현실성과 효과성을 고려하여 최적의 안들을 뽑아보았다.

**원인 1 : 운동이 힘든 회사 분위기**　　　　　　　　　　　　　　　　**효과성/현실성**

| 아이디어 | | |
|---|---|---|
| | 운동 동아리의 활성화 | 5/7 |
| | 회사 주변 피트니스 센터와의 조약 체결(직원 복지) | 7/7 |
| | 회사 내에 운동 시설 설치 | 7/4 |
| | 운동복 출근 Day | 3/7 |
| | 전사 체육의 날 시행 | 6/6 |

**원인 2 : 고칼로리의 식단 및 회식 문화**

| 아이디어 | | |
|---|---|---|
| | 팀 내 저지방 우유 권장 | 5/7 |
| | 저칼로리 커피 믹스 | 5/7 |
| | 에스프레소 기계 | 7/4 |
| | 문화 중심의 회식 권장 | 6/7 |
| | 식단이 좋은 업체 선정 및 각 팀별 쿠폰 배부 | 6/6 |
| | 회사 급식 업체와의 협의 통한 식단 개선 | 7/7 |
| | 회사 옥상 야채 밭 또는 정원 만들기 | 6/3 |

**원인 3 : 개인 의지의 결여**

| 아이디어 | | |
|---|---|---|
| | 목표 달성자 장려금 지급 | 5/7 |
| | 참여자 펀드 조성(목표 달성자가 일정 금액 받도록, 미달성자 회비 내도록) | 6/7 |
| | 만보기 대여(필요 시) | 7/4 |

# 풍부한 자료로
# 상사를 감동시켜라

## 11

지금까지 우리는 한 페이지 문서에 들어가야 하는 요소들이 어떤 것인가를 살펴봤다. 한 페이지에 담아야 하기에 '핵심'을 담아야 힌다. 그리고 문서의 핵심은 A.P.A.G.E.라는 다섯 가지 요소, 즉 '과제 정렬 – 목적 – 분석 – 목표 – 실행안'이라는 점을 설명했다.

그러나 한 페이지에 더욱 특별한 내용을 담기 위해서는 핵심 내용 이외에 상대방을 배려하는 것이 필요하다. 바로 상대의 관심과 특성을 고려한 'R(Relevant information)', 관련 자료이다.

문서 작성 시 핵심 요소를 간결하게 정리해주는 것은 가장 중요하면서도 기본적인 사항이다. 이에 덧붙여, 상사가 관심을 가지고 있을 만한 부분을 미리 준비해주는 것이 필요하다. 상사의 가려운 부분을 긁어줄 수 있다면 더욱 인정받고 호감을 받을 수 있을 것이다.

# 상사가 당신에게 원하는 것

좀 더 깊이 생각해보자. 상사를 위해 챙겨야 할 요소들에는 어떤 것이 있을까? 상사의 마음을 아는 것이 쉽지는 않겠지만 감을 잡을 수 있는 몇 가지 방법은 있다.

## 누구나 관심을 갖는 사항들: 투입 요소와 출력 요소

상사라면 누구나 관심을 갖는 요소들이 있다. 자원의 투입과 산출이다. 목적, 분석, 목표, 실행 방안이라는 네 가지의 핵심을 추진할 때 투입 요소(Input)와 출력 요소(Output)는 일의 진행 여부를 판단하는 데 중요한 내용이 되기 때문이다.

- **투입 요소 1. 비용** 본 사안을 추진하는 데 비용이 어느 정도 들어가는지에 대한 사항이다. 또한 이러한 비용의 경우 전년도 대비, 타사 대비 등의 참고 자료가 있을 경우 더욱 유용하다.

- **투입 요소 2. 기간과 추진 일정** 얼마나 많은 기간이 필요한지에 대한 사항이다. 단순히 기간을 표현하는 것보다는 간트차트(Gantt chart) 등을 활용하여 각 요소별 필요 기간을 보여줄 경우 더욱 명확한 메시지가 될 수 있다.

- **출력 요소 1. 기대효과** 도대체 어떤 결과가 나올 것인가에 대한 내용

이다. 만약 투자에 대한 내용이라면 어느 정도의 기간이 지나야 원금이 회수될 수 있을지, 사업의 다른 분야와 어떤 시너지 효과를 낼수 있을지 등을 보여줄 수 있다.

- **출력 요소 2. 평가측정(Measure)**  기대효과와 거의 같은 내용이지만, 약간 별개의 개념으로 생각해볼 수 있는 요소가 바로 평가측정이다. 이 요소는 '전략을 성공적으로 수행했을 때 나타나는 수치적 결과'로 정의할 수 있다. 단순히 결과뿐만 아니라, 과정 수행 중에 도출되는 수치적 내용이나 거래처 관계 등에 대한 수치적 내용 역시포함한다.

  예를 들어 만약 전략의 내용 중 하나가 '성장률이 높은 3개 시장(인도, 중국, 베트남)에서 20##년까지 매출 ○○억 원을 달성하겠다'라는 것이라고 해보자. 이 경우 평가측정의 요소는 '인도에서 거래선○○개 확보, ○○억 원 매출 달성, ○○건 컨설팅 수주' 등의 내용을설명해주는 것을 말한다.

## 시기에 따라 관심을 갖는 사항들

업무 현장에서의 일들은 대부분 1년을 주기로 돌게 된다. 따라서 각시기별 상사들의 관심 사항을 잘 알고 있으면 어떤 요소를 준비해야 할지 알 수 있다.

- **연초(공격적 성향의 자료)**  공격적으로 업무를 추진하는 시기이므로,

이런 관심을 담을 수 있는 내용들이 필요하다. 전년도 대비 얼마나 계획을 크게 잡고 있는지, 어떤 전략으로 1년을 운영할 것인지에 대한 관심을 기울일 필요가 있다.

• **연중(진행사항 확인에 대한 자료)** 계획 대비 진행 사항을 확인할 수 있는 자료에 관심을 기울인다. 진척률이라든지, 계획 대비 현황 등이 그러하다. 되고 있다면 어떤 점이 잘되고 있는지 등에 대한 자료에 관심을 기울일 필요가 있다.

• **연말(안정성에 관심을 두는 자료)** 현장에서 각 사업 부문의 실적이 집계되는 시기라는 점에서 안정성에 관심을 둘 필요가 있는 시기이다. 특별히 '리스크 요인'과 관련된 내용을 잘 챙겨야 하며 대안이 무엇인지 잘 준비할 필요가 있다.

## 상사의 상사가 관심을 갖는 사항들

조직 내에서 상사 역시 보고해야 하는 상사가 있다. 따라서 상사의 상사가 신경을 쓰고 강조하는 점을 중심으로 내용을 준비해준다면, 실수 요소를 미리 보완할 수 있다는 점에서 높은 점수를 받을 수 있다. 이를 위해 월례 조회나 회의에 참석했을 때 사장 또는 임원들이 강조하는 내용을 잘 메모할 필요가 있다. 그리고 이러한 내용에 맞춘 자료를 준비해준다면 잘 보좌해준다는 이미지를 남길 수 있다.

김 과장은 사장님께 보고하기 위해 챙겨야 할 요소들을 검토하기 시작하면서 사장님의 스타일을 잘 알고 있는 박 차장에게 조언을 구했다.

"기획안이니 당연히 비용 관련 사항을 보실 것이고, 기대효과도 궁금하실 거야. 그리고 사장님의 스타일상 리스크 요소도 궁금해하실 거야. 리스크에 대해 어떻게 대응할지 생각해두고 자료를 준비하는 것도 좋을 거야. 당연히 실행 일정도 자료를 만들어두면 좋을 거고."

비용, 기대효과, 실행 일정은 당연히 생각했었는데 리스크 요소는 놓치고 있었다. 확실히 경험 많은 사람에게 조언을 구하는 것이 중요하다. 김 과장은 주요 계획과 보충자료를 채워서, 싱크패드를 완성했다. 이렇게 내용을 정리하니 방향성, 논리성, 구체성과 세부 자료가 한눈에 들어온다. 이제 준비된 내용을 이제 문서로 옮겨보자.

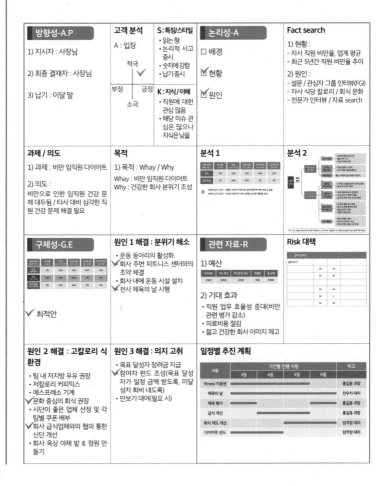

# 알쏭달쏭 목차,
# 한 방에 이해하는 법

현장 문서를 쉽게 이해하기 위해서 '문서는 대화다'라는 콘셉트를 기억할 필요가 있다.

<u>문서는 대화다. 상사가 묻고, 나의 문서가 답을 준다.</u>

상사가 묻지 않는 내용을 쓰게 되면 난잡한 문서가 될 것이고, 상사가 묻고 있는 내용이 없으면 허술한 문서가 될 것이다.


상사가 "왜 하나?"라고 묻는 질문에 대해 나의 문서는 '배경' 또는 '목적'이라는 형식으로 답을 주어야 한다. 상사는 목적이나 배경을 통해 왜 하는지를 이해할 수 있다.

"얼마나 심각해?"라고 묻는 질문에 대해 나의 문서는 '현황'이라는 형식으로 답을 준다.

상사의 질문이 더 세분화되면, 우리의 목차도 더욱 세분화된다.

"상사가 왜 추진하나?"라고 묻는다면 나는 더 구체적인 '추진 목적'이라는 목차를 통해 답을 주어야 한다. 이러한 개념으로 문서를 이해하면 문서의 목차가 쉽게 이해된다. 상사의 질문은 나의 목차를 통해 답을 얻게 되고, 자연스런 질문의 흐름이 문서의 흐름과 연결된다.

상사의 질문에 따른 목차를 정리하면 다음과 같다.

| 상사의 질문 | 문서의 목차 |
|---|---|
| 왜 하나? (상사가 어느 정도 알고 있을 때) | 목적 |
| 왜 하나? (상사가 잘 몰라서, 자세히 쓸 때) | 배경 |
| - 왜 도입하나? | - 도입 배경 |
| - 왜 추진하나? | - 추진 배경 |
| - 왜 검토하나? | - 검토 배경 |
| 지금까지 어떻게 했어? | 경위 |
| 상황이 어때?(얼마나 심각해?) | 현황 |
| - 판매가 어때? | - 판매 현황 |
| - 생산이 어때? | - 생산 현황 |
| - 진행이 어때? | - 진행 현황 |
| 어떻게 할 거야? | 실행전략 / 추진 방안 |
| - 개략적으로 어떻게 할 건가? | - 추진 방향 |
| - 세부적으로 어떻게 할 건가? | - 세부 추진 방안 |
| 하면 뭐가 좋아? | 기대 효과 |
| 돈은 얼마나 들지? | 예산 계획 |
| 위험한 건 없어? 어떻게 대처할래? | Risk 대책 |
| 누가 뭘 하나? | R&R 및 부서별 협조 사항 |

목차는 상사의 질문에 대한 답이다. 그렇다면 나는 목차를 통해 상사에게 명확한 답을 주고 있는지 묻고 확인하는 것만으로도 문서의 수준을 높일 수 있다.

상사의 목소리를 고민하며 문서를 써보자. 어떤 목차로 준비할지 쉽게 생각을 정리할 수 있을 것이다.

# Chapter

# 3

# 한 페이지
# 보고서의
# 목차 구성

# 논리적 사고의 뼈대 구성

## 01

올바른 내용 구성을 위해 A.P.A.G.E. 프로세스를 학습하고 싱크패드를 완성했다면 이제는 준비된 내용으로 논리적 스토리라인을 만드는 단계다. 이때 논리적으로 문서의 뼈대를 만들기 좋은 방법은 바버라 민토가『논리의 기술』에서 소개한 피라미드 구조(Pyramid Structure)로, 문서의 논리를 점검하고, 스토리라인을 구성하기에 적합하다. 지금 우리가 어떤 생각을 하고 있는지 제대로 인식하기 어렵다. 글이나 그림으로 표현하지 않으면 생각의 내용을 알 수 없는데, 피라미드 구조는 생각을 한눈에 파악할 수 있도록 도와준다.

바버라 민토의『논리의 기술』에서 언급되는 피라미드 구성 방식을 그대로 활용하여 문서를 작성하는 것이 일반 직장인의 입장에서는 그리쉽지 않다. 도입부(배경(Situation) – 부연(Compliment) – 질문(Question))의 구성부터 시작되는 피라미드의 설계를 현장에서 그대로 적용하기 어려운 부분이 있다. 그리고 다양한 문서 종류에 따라 어떻게 활용을 해야 할지 막막하기도 하다. 따라서 이 장에서는 바버라 민토의 피라미드 모델을 현실에 맞게 수정해서 적용해 보려고 한다. 기본적인 원리를 그대로 활용하되, 도입부는 간결하게 하고, 문서의 종류에 따라 피라미드를 어떻게 구성해야 할지 살펴보자.

## 피라미드 모델 기본 구조:
## 3가지 원칙만 기억하면 문서가 보인다

피라미드 모델은 결론과 근거가 피라미드의 모양으로 구성된다. 논리적 메시지란 결론이 근거에 의해 탄탄하게 뒷받침되어야 하기 때문이다. 이러한 결론과 근거가 논리적 완결성을 지니기 위해서는 다음과 같은 세 가지의 원칙을 만족시켜야 한다.

### 원칙 1. 과제와 결론의 관계:
### 결론은 상대의 질문(과제)에 대한 충분한 답이 되어야 한다

문서를 통해서 전달되는 메시지는 항상 상대를 전제로 한다. 따라서 상대가 시간을 들여서 들어줄 만한 가치가 있어야 하고, 의미가 있어야 한다. 그래서 문서는 상대의 질문, 상대방이 준 과제, 중요하게 생각할 만한 것에 대한 대답을 가지고 있어야 한다. 아무리 좋은 내용이라고 할지라도 상대방의 관심에서 벗어나 있거나, 중요하게 생각하지 않는 내용이라면 그 문서는 종잇조각에 지나지 않는다.

피라미드 구조의 시작은 항상 상대방의 질문으로 시작한다. 상대가 나에게 준 과제는 무엇인가? 상대의 질문에 대한 어떤 대답을 가지고 문서를 작성해야 하는지를 고민해야 한다. 따라서 피라미드 구조의 첫 번째 원칙에 충실할 경우 문서의 '방향성'을 제대로 설정할 수 있다. 내가 풀어야 할 과제를 명쾌하게 이해하고 시작하기 때문이다.

동시에 과제와 결론 관계를 만족시키는 순간, 결론 메시지가 명쾌해진다. 상대방이 "한마디로 얘기해봐"라고 지시한다면 한마디로 답을 할 수 있다. 피라미드의 시작은 상대방이 묻는 과제에 대한 답을 구조의 정점에 두고 있기 때문이다.

만약 상사가 "결론부터 얘기해봐"라고 지시할 때 얼굴만 빨개지고 땀만 닦게 되는 작성자라면 결론 없이 문서를 작성한 경우이다. 정작 더 황당한 것은 '상사가 준 과제'를 잊어버리고 문서를 작성한 경우이다. 이런 문서라면 작성자 입장에서는 시간 낭비다. 반면, 문서로 보고받는 상사의 시간 역시 빼앗고 있는 것이다. 방향을 잊지 않으려면, 먼저 내가 어느 방향으로 가야 할지를 묻고 시작해야 한다.

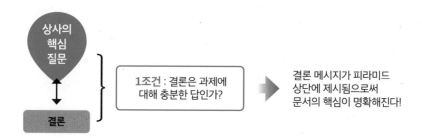

## 원칙 2. 결론과 근거의 관계:
## 세로 방향으로 'Why so/So what?'의 관계가 성립된다

상사에게 결론 메시지를 전달했다면 상대의 머릿속에 떠오르는 질문 'Why so(왜 그런데)?'를 기억해야 한다. 상대는 메시지를 듣고 나서 그 근거를 확인하고 싶어 한다. 일반적으로 상사들은 'Why so', 즉 검증을 위한 질문에 강하다.

반면에 내가 준비한 근거 A, 근거 B, 근거 C는 상사에게 메시지로 전달되기 위해 'So what(그래서)?'의 메시지로 정리되어야 한다. 'A를 합니다. B를 합니다. C를 합니다'라고 메시지를 보냈다면 상대는 당연히 '그래서?'라는 질문을 통해 정리된 결론을 듣고 싶어 한다.

이런 점에서 결론과 근거는 서로 유기적으로 결합되어 있다. 즉 결론과 근거가 논리적이라면 'Why so'와 'So what'의 상호 관계가 맺어져 있어야 한다. 'Why so'로 사실에 기반한 근거가 확인될 수 있고, 'So what'을 통해 통찰력 있는 추론을 도출할 수 있다.

이러한 원리를 확장해서 생각한다면 피라미드 구조에서 "어떤 계층의 메시지든 하위 그룹의 메시지를 요약한다"라는 응용이 가능하다.

예를 들어보자.

동향 1  경쟁사인 A사가 젊은 여성을 중심으로 다이어트에 효과가 있는 신제품 출시

동향 2 경쟁사 B사는 40대 직장인 남성을 중심으로 노화 방지 관련 신제품 출시

동향 3 경쟁사 C사는 대학생을 중심으로 중저가의 신제품 출시

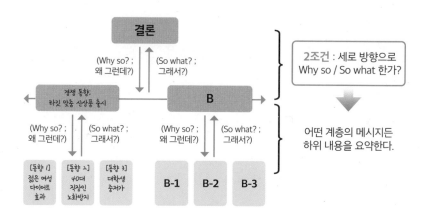

이렇게 보고한다면 경쟁사 동향에 대해 "경쟁사들은 타깃 세그먼트를 정하고, 그 특징에 맞는 신상품을 출시하고 있다"라고 요약된다.

## 원칙 3. 근거는 누락이나 중복 없이

### MECE(Mutually Exclusive Collectively Exhaustive)하다

근거는 결론을 완벽하게 뒷받침해줄 수 있어야 한다. 즉 근거를 들으면 상대방 입장에서 결론을 수긍할 수 있어야 한다. 그런데 결론을 제대로 뒷받침할 수 없는 '띄엄띄엄한 근거'가 있다. 바로 근거에서 누락이 발생하거나 중복이 발생한 경우다.

예를 들어, "내년도 해외 매출이 크게 늘어날 것으로 전망됩니다"라는 결론을 내세우며 그 근거로 북미 시장과 중국 시장의 활성화를 언급했다고 생각해보자. 작성자의 머릿속에는 북미와 중국 시장의 장밋빛 그림이 그려져 있지만, 상사는 언급되지 않은 동남아, 중동, 유럽 등의 시장에 대한 궁금증이 떠오른다. 즉 내용이 누락되면 메시지의 논리가 들어맞지 않는 틈이 보이게 된다.

반면에 "내년도 당사의 매출은 기혼여성 시장, 미혼여성 시장, 커리어우먼 시장의 전반적 활성화로 성장 가능성이 높습니다"라고 보고한다면 상대 입장에서는 시장의 구분에 혼선이 생기게 된다. 대상이 서로 완벽하게 나누어지지 않고 중복되는 공간이 생기기 때문이다. 이렇게 내용을 누락과 중복 없이 근거의 순서를 정해주어야 한다.

이러한 원리를 조금 더 확대해보자. 근거를 MECE하게 정리한다는 의미는 그룹 내의 메시지는 항상 동일한 종류라는 점과 논리적 순서로 배열된다는 것을 의미한다. 즉 내용을 누락이나 중복 없이 묶기 때문에 현황이라는 항목에는 현황에 관련된 내용만 들어오게 된다. 현황의 하위 항목은 현황 1, 현황 2, 현황 3의 모습이지 현황 1, 배경, 현황 2가 아니라는 것이다. 또한 현황 1, 2, 3의 순서를 제시할 때는 내용의 흐름이 논리적 순서(시간 순, 중요도 순, 범위의 순서 등)를 따라야 한다. 이러한 피라미드의 세 가지 원칙을 정리한 메시지는 다음과 같이 정리될 수 있다.

# 피라미드 3가지 원칙을 적용

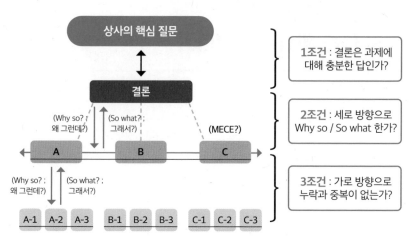

* **2조건의 확대 적용**  어떤 계층의 메시지든 하위 그룹의 메시지를 요약한다.
* **3조건의 확대 적용**  그룹 내의 메시지는 항상 동일한 종류이며 논리적 순서로 배열된다.

# 피라미드 모델로
# 격이 다른 메시지 구성하기

## 02

피라미드의 세 가지 조건만 기억하면 논리적 메시지를 구성할 수 있다. 그럼 앞에서 살펴본 피라미드의 각 원칙으로 논리적 메시지를 어떻게 구성하는지 살펴보자.

K씨는 오랫동안 교제해온 A양과 결혼하려 한다. 한 가지 문제라면 어머니가 A양을 마음에 들어 하지 않는다는 점이다. 어머니는 이미 B양을 오래 전부터 며느릿감으로 생각하고 있었기 때문이다. K씨는 막무가내로 어머니에게 A양과 결혼하겠다고 주장했고, 그다음 날부터 어머니는 K씨에게 밥을 주지 않았다. 부모님의 축복 속에서 결혼하겠다는 바람이 있는 K씨가 어머니를 설득하기 위해 보고서를 작성한다면, 어떻게 논리를 만들어가야 할까?

물론 이 내용은 가상의 상황이고, 현실에서는 다른 방법(예를 들면, 단식 투쟁이나 사랑의 도피 같은)들을 더 많이 사용할 것이다. 하지만 메시지의 논리성이라는 점에서만 생각해보자.

## 피라미드 조건 1.
## 상대의 질문(과제)을 확인하고 그에 대한 답(결론)을 준비하라

K씨 입장에서 다짜고짜 "어머니, 사랑합니다" 또는 "어머니, 제가 잘하겠습니다"라는 말을 하는 것은 그리 논리적이지 못하다. 어머니는 "너나 사랑해?"나 "너 결혼하면 나한테 잘할 거야?"를 묻고 있는 게 아니기 때문이다. 어머니의 머릿속을 가득 채운 것은 "내가 보기에는 B양이 마음에 드는데, 너는 왜 꼭 A냐?"라는 질문이다. 이 질문에 대한 답은 "A양이 제게는 최고의 배우자입니다"라는 내용이 될 것이다. 보고서나 기획서의 메시지를 만들어가기 위한 첫 단계는 상대방이 꼭 알고 싶어 하는 핵심 질문을 적어보는 것이다.

## 피라미드 조건 2.
## 상대방의 질문(Why so?)에 답(근거)을 준비하라

"A양이 최고의 배우자입니다"라는 결론을 말한다면 어머니 입장에서는 어떤 질문을 던질까? 아마도 "왜 그런데? 이 나쁜 녀석아!"일 것이다.

만약 이러한 질문에 "사랑하니까요" 또는 "우리 제발 사랑하게 해주세요"라고 말한다면 어떻게 될 것인가? 또는 "제 아이가 생겼습니다"라는 말을 한다면 어떻게 될 것인가? 물론 현실에서는 있을 법한 얘기이지만, 메시지의 논리성에서는 문제가 생긴다.

첫 번째 대답 "사랑하니까요"의 경우는 상대는 이유를 묻고 있는데, 그 답으로 '감정과 느낌'을 말하고 있다. 물론 결혼 상대자의 조건으로 '사랑'은 중요하다. 하지만 현재 왜 최고냐고 묻는 상대방에게 '사랑'이라는 감정을 얘기한다면 메시지의 논리가 사라진다. 그리고 오직 '느낌'과 '감정'의 싸움만 남게 된다. 이 경우 상대의 답("사랑? 사랑이 밥 먹여주냐?" 또는 "나야, A야? 네 엄마는 사랑하지 않고?") 또한 예상되지 않는가? 비극적 메시지의 싸움이라고 할 수 있다.

가끔 강의 현장에서 지긋하게 나이 드신 관리자들은 항상 이렇게 조언한다. 이런 경우 가장 강력한 근거는 "제 아이가 생겼습니다!"라는 것이다. 물론 실전에서야 그럴 수 있지만, 현재 메시지의 논리를 고민해 본다면 굉장히 우스운 현상이 발생한다. "A가 제게는 최고의 배우자입니다!"라고 말해놓고 "왜 그런데?"라는 상대의 질문에 대해 "제 아이가 생겼습니다!"라고 말한다면, 이것은 결론과 전혀 관계없는 답이 되기 때문이다. 이것은 '논리의 비약'이다. 만약 "제 아이가 생겼습니다!"라는 근거가 답이 될 수 있으려면, 결론으로는 "제가 책임을 져야 합니다"가 되어야 한다. 따라서 근거는 사실을 중심으로 준비해야 하고, 동시에 결론과 논리적으로 긴밀하게 연결되어야 한다.

## 피라미드 조건 3. 누락과 중복이 없는(MECE) 메시지의 완성

'A가 최고의 배우자!'라는 결론에 대해 '어떤 근거로 답을 제시해야 하는가'라는 질문에 한 학습자가 이런 세 가지를 답했다.

"얼굴이 예쁩니다."

"몸매도 좋습니다."

"스타일도 좋습니다."

만약 이런 근거를 실전에서 말한다면 두 가지 결과가 예상된다. 하나는 '이 썩을 놈아!'라며 밥그릇을 던질 어머니의 대응과 또 하나는 밥그릇을 던지기 전에 거품을 물고 쓰러지실 어머니의 대응이다.

그렇다면 왜 상당수의 아버지들이 좋아할 이 근거가 논리적으로 문제가 있는 것일까?

현재 최고의 배우자라는 결론 메시지에 대해 제시된 근거인 '얼굴', '몸매', '스타일' 세 가지가 중복되고 있다는 점이다. 결국 '외모'만 얘기하고 있다. 외모는 최고의 배우자라는 조건에 좋은 근거가 될 수는 있지만, '외모'만으로는 '최고의 배우자'라는 결론을 뒷받침할 수 없다. 다른 모든 조건은 누락되고 있기 때문이다. 만약 K씨가 A양이 최고의 배우자임을 입증할 생각이라면, 근거는 외적 조건과 내적 조건, 환경적 조건이 어떻게 좋은가를 정리해서 전달해주어야 한다.

# 근거 전개의 방식: 병렬형과 해설형

앞에서 살펴본 것처럼 피라미드의 구조를 정리해가면, 상대를 향한 명쾌한 메시지를 완성할 수 있다. 상대가 생각하는 중요한 질문에 대한 답이 '결론'에서 제시되고, 결론에 대해 상대가 묻는 'Why so?'에 대한 답으로 '근거'가 제시된다. 또한 상대의 질문에 대해 '근거의 소항목'으로 답을 제시할 수 있다. 예를 들어 "외적 조건이 왜 좋아?"라고 묻는다면 "경제력이 좋고 외모가 탁월합니다"라고 답할 수 있다. 만약 어머니가 "경제력은 좋니?"라고 묻는다면 "어머니, 현재 A가 다니는 회사가 ○○인데요. 직급은 ○○으로 연봉은 ○○○만 원 정도입니다. 대한민국 통계를 보시죠!"라는 식으로 사실들이 메시지를 뒷받침해야 한다. 즉 피라미드의 하단으로 갈수록 구체적인 자료들이 메시지를 탄탄하게 만들어주어야 한다.

특별히 결론에 대한 근거를 제시하는 과정에 유용하게 활용할 수 있는 두 가지 논리 전개 패턴이 있다. 근거를 어떤 식으로 정리하는가에 따라 '유사한 레벨의 항목을 나란히 제시하는 병렬형'과 '각 항목이 논리적인 스토리로 연결되면서 메시지를 전달해가는 해설형'이 있다.

## 병렬형: 근거의 귀납적 구성

근거를 구성해갈 때, "왜 그런데?"라고 묻는 상사의 질문에 대한 답을 병렬식으로 나열해가는 방식을 말한다. 가장 전형적인 피라미드 논리 구성 패턴으로 앞에서 살펴보았던 예시가 여기에 속한다. "A가 최고의 배우자입니다"라는 결론에 대한 근거로 '외적 조건이 좋음', '내면이 천사임', '환경이 좋음'이라는 방식으로 제시해가는 것이다.

병렬적으로 제시되는 각각의 메시지들은 결론을 뒷받침한다. 이러한 병렬형 메시지의 구성은 단순하고 간결한 구조로 스토리를 정리할 수 있다는 점에서 유용하다. 결론이 전체적으로 어떤 관점에서 뒷받침되는지 쉽게 설명해주기 때문에 내용을 듣는 사람은 전체적인 측면과 개별적인 측면을 쉽게 이해할 수 있다.

반면에 결론의 과정을 듣기 원하는 사람의 경우에는 불만이 생길 수도 있다. 예를 들어 앞의 사례에서 어머니가 "왜 B는 생각해보지 않는 거니?", "왜 이리 생각이 편협해?"라고 반론을 제기할 경우 메시지의 논리성이 취약해진다.

## 해설형: 근거의 연역적 구성

근거들을 구성해갈 때 결론을 차근차근 해설해가는 방식(예를 들어, 사실-판단 기준-판단 내용 등)이다. 즉 "사실 관계는 이런 모습들인데, 주요 의사결정의 조건들은 이러이러합니다. 그래서 이렇게 판단하게 되었습니다"라는 설명의 흐름이다.

예를 들어, 앞의 A양 사례를 들어보자. 병렬형에서 조건을 외면-내면-환경이라는 3개의 축으로 구분했다면, 해설형에서는 다음과 같이 설명해나간다.

• **사실 측면** 어머니, 제 주변에 A양, B양, C양이 있습니다.

· **판단 기준 측면**  그런데 제가 결혼해서 행복하게 살 수 있는 조건이 1번, 2번, 3번 측면이지 않습니까? 이런 점에서 봤을 때 A는 상-상-중, B는 중-중-상, C는 상-중-하로 볼 수 있습니다.

· **판단 내용 측면**  따라서 A가 최고의 배우자입니다.

해설형의 경우는 병렬형에 비해 사고방식 자체를 강조할 수 있다. 병렬형은 전체적 메시지가 어떤 내용인지 결론과 근거를 단순하게 제시한다. 이에 반해, 해설형은 어떤 과정을 거쳐서 이러한 결론에 이르게 되는지를 차근차근히 설명해간다. 따라서 자신이 선택한 결론이 왜 이렇게 도출되었는지를 설명하며, 상대방을 납득시키고자 할 때 활용하기 좋은 방법이다.

또한 다양한 스토리라인을 적용해서 설명하기 용이하다. 앞의 사례에서 나왔던 '사실-판단 기준-판단 내용' 이외에도 '현황-원인-해결 방안', 'As is-To be-How to', '과제 설정-KSF(Key Success Factor, 핵심 성공 요인)-해결책(Solution)' 등의 다양한 스토리라인을 상황에 맞게 적용할 수 있다.

이렇게 피라미드의 논리를 구성하는 병렬형과 해설형을 기억하면 과제 상황에 맞게 적절한 메시지를 구성할 수 있다.

## 병렬형의 피라미드 구조

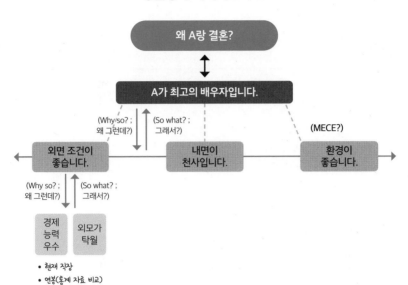

## 해설형 피라미드 구성

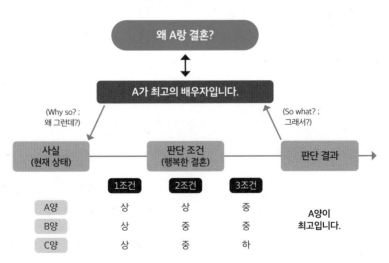

# 한 방에 끝내는
## 보고서 스토리라인 구성하기

## 03

피라미드 구조를 통해 스토리를 구성하는 방법을 봤다면, 이제 보고서와 기획서에 접목해보자. 현장에서 우리가 구성하는 모든 메시지는 상사의 과제에 따라 크게 두 가지 종류로 이해할 수 있다.

첫 번째는 상사가 묻는 과제가 "상황이 어때? 결과가 뭐야? 어떻게 진행되고 있어?"와 같이 정보를 묻는 유형이다. 이러한 유형은 '상황 보고서, 현황 보고서, 검토결과 보고서' 같은 형태의 문서로 보고된다. 정보를 전달하는 문서이니 '정보형 문서'라고 부를 수 있다.

두 번째의 유형은 상사의 과제가 "어떻게 할 거야? 어떻게 해결할 수 있어?"와 같이 방법을 묻는 유형이다. 보통 기획서 또는 제안서와 연결되는 유형이며, '기획형 문서'라고 부를 수 있다. 재미있는 것은 세상의 모든 질문이 결국 이렇게 두 종류라는 것이다.

다음의 질문들은 어떤 유형일까?

a) 재고 현황이 어때?　　　　　b) 재고를 어떻게 줄일 건가?

c) 제품에 대한 소비자 반응은 어때?　d) 부진한 소비자의 반응을 어떻게 바꿀까?

e) 결혼하며 뭐가 좋아?　　　　e) 나 결혼 어떻게 하냐?

f) 나 결혼해야 돼?　　　　　　g) 어떻게 하면 그녀와 사귈 수 있을까?

질문은 다양한 것 같지만 종류는 두 가지로 구분된다. a, c, e, f는 정보형 과제다. 반면 b, d, e, f는 기획형 과제다.

일반적으로 정보형의 과제는 병렬형 피라미드를 많이 사용한다. 물론 작성자의 의도에 따라서 해설형을 쓸 수도 있지만, 대부분의 경우 병렬형으로 제시된다. 반면 기획형은 해설형을 많이 사용한다. 즉 과제와 피라미드 유형은 어느 정도 연결되어 있다.

### 과제에 따른 문서 유형과 피라미드

## 보고서의 스토리라인 구성: 피라미드와 스토리라인

상사의 과제가 "흡연으로 인한 피해가 어때?"라는 질문이다. 어떻게 문서를 구성하면 될까? "피해가 어때?"를 묻는 것이니 정보형이다. 그러면 병렬형 피라미드의 틀을 그리자. 본문의 내용은 어떻게 채우면 좋을까? 흡연 관련 피해 정보를 모으기 위해 설문을 진행하고, 관련 부서의 자료를 취합한다. 회사 내 흡연 피해 자료를 분류해보니 크게 직원의 업무 집중도 측면과 의료 비용 지출이라는 두 항목으로 정리할 수 있었다. 그리고 각 항목의 핵심 메시지를 도출했다. 그 결과물들을 정리하면 간단하게 피라미드를 구성할 수 있다.

이렇게 정리된 피라미드의 내용은 바로 문서로 전환이 가능하다. 피라미드의 과제(질문)는 문서의 제목으로, 결론은 문서의 핵심 메시지로 옮겨진다. 또한 피라미드의 하위 항목들은 문서의 본문 내용으로 바로 이어진다. 다음의 피라미드를 문서로 옮겨보면 우측의 스토리라인으로 정리할 수 있다.

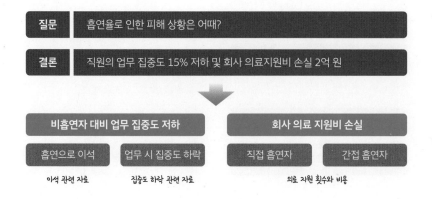

## 임직원 흡연으로 인한 피해 실태 보고

임직원 흡연의 주요 피해는 흡연자의 업무 집중도가 약 15% 저하되는 점과 흡연 관련 질병에 대한 의료 지원비가 연간 약 2억 원 발생되는 점으로 파악됨

### 1. 목적
직원들의 건강한 업무 환경 조성을 위한 기초 작업으로 흡연 피해 상황을 조사함

### 2. 흡연으로 인한 피해 상황

1) 비흡연자 대비 업무 집중도 15% 저하
- 흡연으로 인한 이석 빈번
  ※ 직원 이석 관련 자료
- 업무 시 집중도 하락
  ※ 흡연 직원과 비흡연 직원의 업무 집중도 차이 분석

2) 회사 의료지원 비용 2억 원 발생
- 직접 흡연자 1억 5,000만 원
- 간접 흡연자 5,000만 원
  ※ 직원 흡연 관련 의료비 자료

# 싱크패드에서 피라미드 구성하기

피라미드를 구성할 수 있으면, 문서의 스토리라인으로 바로 연결이 가능하다. 그렇다면 신속하게 피라미드를 구성함으로써 문서 작성의 속도를 높일 수 있다. 이를 위해 앞장에서 다뤘던 싱크패드와 피라미드를 연결해서 문서 작성의 프로세스를 정리해보자.

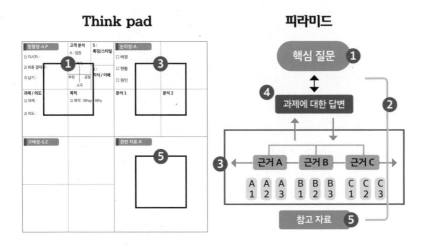

**Think pad**

| 방향성-A.P | 고객 분석 | S: 특징/스타일 | 논리성-A | |
|---|---|---|---|---|
| 1) 지시자 : | A : 입장 | | □ 배경 | |
| 2) 최종 결재자 : | K : | | □ 현황 | |
| 3) 납기 : | 부정 긍정 소극 | 지식 / 이해 | □ 원인 | |
| 과제 / 의도 | 목적 | | 분석 1 | 분석 2 |
| 1) 과제 : | 1) 목적 : What Why | | | |
| 2) 의도 : | | | | |
| 구체성-G.E | | | 관련 자료-R | |

**피라미드**

핵심 질문 ①

④ 과제에 대한 답변 ②

③ ← 근거 A   근거 B   근거 C

A1 A2 A3   B1 B2 B3   C1 C2 C3

참고 자료 ⑤

## 1단계: 방향성 항목을 채워 질문을 명확하게 한다

상사에게 문서 작성 과제를 받게 되면 먼저 싱크패드의 방향성 칸(①)을 채워본다. 상사의 과제, 의도, 목적, A.S.K.를 적으면 상사의 핵심 질문이 명확해진다. 이를 통해 피라미드의 질문(①)을 채울 수 있다.

## 2단계: 피라미드의 유형을 정하고, 틀을 그린다

피라미드의 질문을 채우는 순간, 피라미드의 유형이 결정된다. 상사의 과제가 정보형인지, 기획형인지 판단한 후 그에 맞게 병렬형 또는 해설형의 피라미드(②)를 그린다.

## 3단계: 근거의 항목을 완성하고 병렬의 흐름을 정한다

피라미드의 결론을 채울 내용이 아직 없으므로, 하단의 내용을 우선 고민해야 한다. 이를 위해 정보를 수집하고 싱크패드의 논리성 칸을 채운다. 배경, 현황, 원인 중 어떤 것이 필요한지 체크하고, 각 항목에 어떤 정보를 수집할지 적는다. 그리고 이러한 방법으로 분석한 정보를 기반으로 피라미드의 근거 항목을 작성한다. 특히 각 내용은 MECE하게 정리하고 핵심 메시지를 기재한다. 또한 수집된 내용 가운데에서 본문의 내용으로는 적절치 않으나 상사의 관심사와 연계되어 있는 내용들은 싱크패드의 관련 자료 항목(❺)에 기재한다.

### 4단계: 근거의 내용들이 정리되었다면, 결론의 메시지를 작성한다

피라미드의 상단은 하단을 요약하므로, 피라미드에서 근거의 내용을 요약하는 메시지를 적는다.

### 5단계: 수집해둔 내용 중에서 상사의 관심 사항들을 뽑아내서 정리한다

또한 상사에게 보고해야 할 별도의 관련 자료를 준비한다.

이러한 5단계를 거치면 피라미드의 내용을 쉽게 준비할 수 있다. 그리고 이러한 피라미드는 워드(Word)형 한 페이지, PPT형 한 페이지로 쉽게 옮길 수 있다.


## 피라미드에서 한 페이지 보고서 작성하기

피라미드 구조에서 한 페이지 문서의 스토리라인을 작성하는 것은 앞에서 흡연 피해 사례 보고를 통해 살펴본 바와 같다. 이 내용을 모델로 정리해보자.

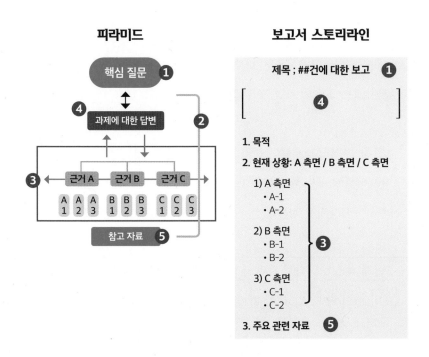

피라미드 구조의 각 항목은 문서의 내용으로 연계된다. 피라미드의 핵심 질문 ❶은 문서의 제목으로 연결된다. 과제에 대한 답변 ❹는 문서의 상단에 문서의 핵심 메시지로 전달할 수 있다. 근거의 내용 ❸들은 본문의 흐름으로 연결되고, 참고 자료 ❺는 주요 관련 자료의 형태로 정리될 수 있다.

이렇게 작성한 문서가 <u>수준 높은 보고서가 될 수 있는 이유</u>는 피라미드의 기본 구조상 <u>보고서의 A 측면, B 측면, C 측면이 MECE하고 그 순</u>

서가 논리적이기 때문이다. 또한 각 내용이 하단의 내용을 요약하고 있기 때문에 핵심 메시지가 명확하다.

앞에서 살펴본 내용이 워드 한 페이지 문서의 흐름이라면 PPT 한 페이지 문서 역시 피라미드를 그대로 활용하여 작성할 수 있다.

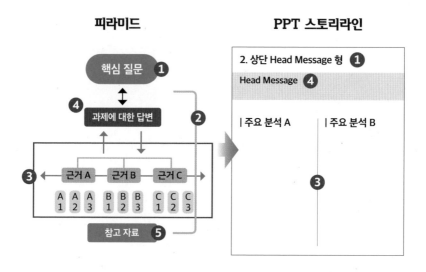

핵심 질문 ❶은 PPT 문서의 제목으로 그대로 연결된다. 결론 메시지 ❹는 PPT 문서의 헤드 메시지로 연결된다. 그리고 피라미드 하단의 내용 ❸들은 PPT의 본문으로 연계된다.

이처럼 피라미드를 제대로 구성하면 PPT 또는 워드형의 한 페이지 문서의 스토리를 쉽게 만들 수 있다.

# 한 방에 끝내는
# 기획서 스토리라인

## 04

이제는 기획서 쓰는 법을 정리해보자. 기획서 역시 프로세스를 통해 쓰는 방법을 정리해서 기억하면 쉽게 적용할 수 있다.

## 기획서의 스토리라인 구성: 피라미드와 스토리라인

상사가 "직원의 높은 흡연을 어떻게 줄일 수 있을까?"라고 묻는다. 상사의 질문을 살펴보니 이 문서는 기획형이다. 그렇다면 기획형에 맞게 해설형 피라미드의 틀을 그리자. 본문의 스토리는 어떻게 정리하는 게 좋을까? 우선 현재 높은 흡연율에 대한 막연한 인식에서 시작하고 있으니 '현황 → 원인 → 실행안'의 흐름으로 잡아볼 수 있다.

현황을 위해서 현재 흡연율을 조사해봤다. 이것이 얼마나 높은지 비교하기 위해 직장인 평균 흡연율과 비교해봤다. 그다음으로 원인을 조사해봐야 한다. 이것을 위해 사내 설문과 인터뷰를 시행하고 전문가의 조언을 들어보았다. 실행안을 구하기 위해 원인별 해결책을 찾아봤고, 최근 성공적으로 금연 운동을 하고 있는 타사의 사례도 조사해봤다.

이렇게 해설형의 피라미드를 구성했다면 이제 이 내용을 문서로 옮기는 것만 남았다.

문서로 옮기는 과정은 간단하다. 피라미드의 과제(질문)가 문서의 제목이 되고, 결론은 문서의 핵심 메시지가 된다. 피라미드의 하위 항목인 현황과 원인은 기획서에서 그대로 흡연자 현황 분석 및 주요 원인으로 정리된다. 실행안의 내용은 목표 및 추진 방안으로 표현되고, 이에 대한 세부 추진 방안들을 덧붙인다. 이런 식으로 기획서의 스토리라인을 만들 수 있다.

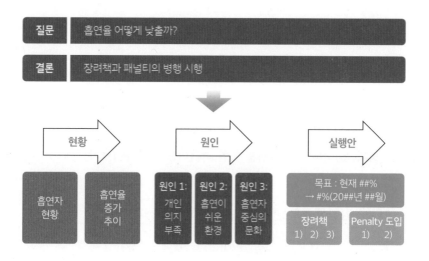

**금연 캠페인 시행 방안**

최근 3개년간 지속 증가 추이(○○%→○○%)를 보이는 흡연의 주요 원인은 ##, ##으로 이에 대한 금연 장려책과 흡연 관련 패널티를 도입하여 효과적 금연 캠페인을 시행함

**1. 목적**
직원 업무 집중도 향상 및 의료비 절감을 위해 높아지는 흡연율을 낮출 수 있는 효과적인 금연운동 방안을 수립하여 시행하고자 함

**2. 흡연자 현황 분석 및 주요 원인**
1) 흡연자 현황 :
   ※ 흡연자 현황 및 3개년간 증가 추이

2) 주요 원인 :

**3. 목표 및 추진안(장려책과 패널티)**
1) 목표
2) 추진안

**4. 일정 별 추진 방안**

## 싱크패드에서 피라미드 구성하기

기획서의 피라미드를 구성하는 방법도 앞에서 살펴봤던 방식과 거의 비슷하다. 순서대로 기획서를 위한 피라미드를 만들어보자.

### 1단계: 방향성 항목을 채워 질문을 명확하게 한다

문서 작성과 관련해서 상사의 과제를 받게 되면 먼저 싱크패드의 방향성 칸(❶)을 채워본다. 상사의 과제, 의도, 목적, A.S.K.를 적으면 핵

**Think pad**

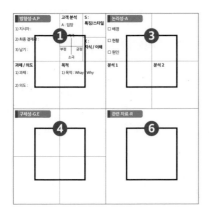

**피라미드**

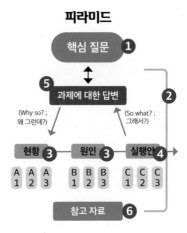

심 질문이 명확해진다. 이를 통해 피라미드의 질문 **❶**을 채울 수 있다.


### 2단계: 피라미드의 유형을 정하고, 틀을 그린다

피라미드의 질문을 채우는 순간, 피라미드의 유형이 결정된다. 상사의 과제가 정보형인지 기획형인지 판단하여 그에 맞게 병렬형 또는 해설형의 피라미드를 그린다(**❷**).


### 3단계: 기획서라면 어떤 해설형의 흐름을 어떻게 만들지 정해본다

대표적으로 많이 사용되는 흐름은 다음과 같다.


ⓐ 현황 – 원인 – 추진안

ⓑ As is – To be – How to

ⓒ 문제 설정 – KSF(핵심 성공 요인) – 추진 방안

만약 현재 어떤 문제가 발생해서 해결 방안을 보고해야 한다면 ⓐ의 흐름이 좋다. 반면 현재 특별한 문제는 없으나 미래를 대비하기 위한 방안을 보고하거나 새로운 제도, 기획안을 보고할 때에는 ⓑ나 ⓒ의 흐름이 적절하다.

이런 경우 현황, 원인, As-is, 문제 설정, KSF 등은 사실에 기반해야 한다. 그리고 이를 위해 적절한 정보를 수집할 필요가 있다. 그리고 수집한 각 내용은 항상 MECE하게 분류해서 나름의 핵심 메시지를 도출해야 한다(❸).

### 4단계: 분석된 내용을 기반으로 목표를 설정하고,
### 어떻게 추진할지에 대한 해결 방안, 추진 방안을 준비한다(❹).

### 5단계: 하단의 내용들이 정리되었다면, 결론 메시지를 작성한다
피라미드의 상단은 하단을 요약하므로, 피라미드에서 전체의 내용을 요약하는 메시지를 적는다(❺).

### 6단계: 수집해둔 내용 중에서 상사의 관심사항들을 뽑아내서 정리한다
또한 상사에게 보고해야 할 별도의 관련 자료를 준비한다(❻).

이러한 6단계를 거치면 기획서를 위한 피라미드의 내용을 쉽게 준비할 수 있다. 그리고 이러한 피라미드는 워드형 한 페이지, PPT형 한 페이지로 쉽게 옮겨갈 수 있다.

## 피라미드에서 한 페이지 기획서 작성하기

이렇게 정리된 피라미드의 내용은 바로 기획서로 전환이 가능하다. 보고서 작성에서 살펴봤던 바와 같이 피라미드의 과제(핵심 질문, ❶)는 문서의 제목으로, 결론(❺)은 문서의 핵심 메시지로 옮겨진다. 또한 피라미드의 하위 항목들은 문서의 본문, 즉 현재 상황(❸), 목표 및 실행 전략(❹)으로 바로 이어진다. 좌측의 피라미드를 문서로 옮겨보면 우측의 스토리라인으로 정리할 수 있다.

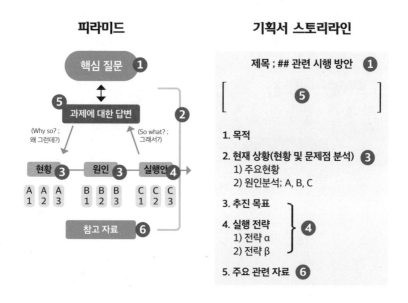

이렇게 작성한 문서가 수준 높은 기획서가 될 수 있는 이유는 피라미드의 기본 구조상 기획서에서 분석과 실행안의 논리적 연결성이 높기

때문이다. 또한, 현황과 원인의 세부 내용들이 사실에 기반되어 MECE
하게, 논리적으로 제시되기 때문이다.

이러한 피라미드의 내용을 동일한 순서대로 옮겨 적으면 PPT의 한
페이지가 완성된다.

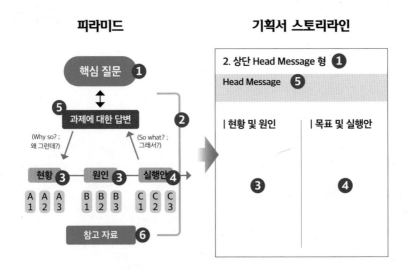

# 실전 사례로 배우는 기획서, 이렇게 쓰면 끝!

앞에서 배운 대로 기획서를 작성해보자.

A.P.A.G.E. 프로세스로 준비했던 '회사 비만 임직원 다이어트 기획' 내용을 통해 어떻게 싱크패드가 피라미드로, 또 기획서로 이어지는지에 대해 살펴보자.

먼저 기획서 작성의 순서대로 방향성의 블록을 채운다. 그리고 과제, 목적, A.S.K. 분석을 정리하면, 현재 상사의 핵심 질문은 "어떻게 비만 임직원의 살을 뺄 것인가?"로 정리할 수 있다.

이는 기획형 과제이므로 해설형의 피라미드가 적절하다.

## Think pad

| 방향성-A.P | 고객 분석 | S:특징/스타일 |
|---|---|---|
| 1) 지시자 : 사장님 | A : 입장 | • 읽는 형<br>• 논리적 사고 중시<br>• 숫자에 강함<br>• 납기중시 |
| 2) 최종 결재자 : 사장님 | 적극 ✓ | |
| 3) 납기 : 한 달 이내 | 부정 \| 긍정<br>소극 | K:지식/이해<br>• 직원에 대한 관심 많음<br>• 해당 이슈 관심은 많으나 지식은 낮음 |
| 과제 / 의도 | 목적 | |
| 1) 과제 : 비만 임직원 다이어트<br>2) 의도 : 비만으로 인한 임직원 건강 문제 대두됨 / 타사 대비 심각한 직원 건강 문제 해결 필요 | 1) 목적 : Whay / Why<br>Whay : 비만 임직원 다이어트<br>Why : 건강한 회사 분위기 조성 | |

## 피라미드

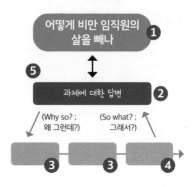

해설형 피라미드의 본문 흐름은 어떻게 구성하는 게 좋을까?

현재의 문제 상황에서 출발하고 있으므로 현황, 원인, 실행안의 흐름이 적절해 보인다. 현황은 우리 직원이 얼마나 살이 쪘는가에 대한 내용이므로 당사의 비만 현황과 업계의 현황을 비교해보았다. 당사 직원들이 살찐 원인들을 조사하기 위해 설문과 인터뷰 등으로 정보를 모았다. 그리고 MECE하게 분류하여 핵심 메시지를 뽑아보았다. 그리고 이러한 원인에 대해 목표와 실행 방안을 정리해서 피라미드를 완성했다.

이렇게 정리된 하단의 내용을 요약하면 결론 메시지를 구성할 수 있다. 하단의 내용을 정리한다면 "당사 비만 원인은 ○○, ○○이므로 운동 분위기 조성, 식단 개선, 직원 의지 고취를 통해 해결하겠습니다"라는 문장이 될 것이다. 또한 상사를 위한 관련 자료(Relevant information)

를 위해 비용, 추진 일정, 리스크 대책 등을 정리했다.

싱크패드에 정리한 내용이 피라미드로 재구성되었다.

| 방향성-A.P | 고객 분석 | S:특징/스타일 | 논리성-A | Fact search |
|---|---|---|---|---|
| 1) 지시자 : 사장님<br><br>2) 최종 결재자 : 사장님<br><br>3) 납기 : 한 달 이내 | A : 입장<br><br>적극<br>✓<br>부정　긍정<br><br>소극 | • 읽는형<br>• 논리적 사고 중시<br>• 숫자에 강함<br>• 납기중시<br><br>K : 지식/이해<br>• 직원에 대한 관심많음<br>• 해당 이슈 관심은 많으나 지식은 낮음 | ☐ 배경<br><br>☑ 현황<br><br>☑ 원인 | 1) 현황 :<br>- 자사 직원 비만율, 업계 평균<br>- 최근 5년간 직원 비만율 추이<br><br>2) 원인 :<br>- 설문 / 관심자 그룹 인터뷰(FGI)<br>- 자사 식당 칼로리 / 회식 문화<br>- 전문가 인터뷰 / 자료 search |
| **과제 / 의도** | **목적** | **분석 1** | | **분석 2** |
| 1) 과제 : 비만 임직원 다이어트<br><br>2) 의도 :<br>비만으로 인한 임직원 건강 문제 대두됨 / 타사 대비 심각한 직원 건강 문제 해결 필요 | 1) 목적 : Whay / Why<br><br>Whay : 비만 임직원 다이어트<br>Why : 건강한 회사 분위기 조성 | | | |
| **구체성-G.E** | **원인 1 해결 : 분위기 해소** | **관련 자료-R** | | **Risk 대책** |
| | • 운동 동아리의 활성화.<br>✓회사 주변 피트니스 센터와의 조약 체결.<br>• 회사 내에 운동 시설 설치.<br>✓전사 체육의 날 시행 | 1) 예산<br><br>2) 기대 효과<br>• 직원 업무 효율성 증대(비만 관련 병가 감소)<br>• 의료비용 절감<br>• 젊고 건강한 회사 이미지 제고 | | |
| **원인 2 해결 : 고칼로리 식 환경** | **원인 3 해결 : 의지 고취** | **일정별 추진 계획** | | |
| • 팀 내 저지방 우유 권장<br>• 저칼로리 커피믹스<br>• 에스프레소 기계<br>✓문화 중심의 회식 권장<br>• 시단이 좋은 업체 선정 및 각 팀별 쿠폰 배부<br>✓회사 급식 업체와의 협의 통한 식단 개선<br>• 회사 옥상 야채 밭 & 정원 만들기 | • 목표 달성자 장려금 지급<br>✓참여자 펀드 조성(목표 달성자 일정 금액 받도록, 미달성자 회비 내도록)<br>• 만보기 대여(필요 시) | | | |

161

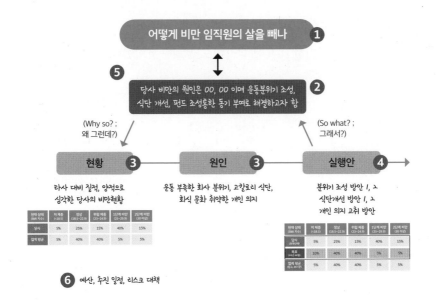

어떻게 비만 임직원의 살을 빼나 **1**

**5**

당사 비만의 원인은 OO, OO 이며 운동분위기 조성, 식단 개선, 펀드 조성통한 동기 부여로 해결하고자 함 **2**

(Why so? ; 왜 그런데?)　　　　　　　　　　　　　　　(So what? ; 그래서?)

**현황** **3**　　　　**원인** **3**　　　　**실행안** **4**

타사 대비 질적, 양적으로
심각한 당사의 비만현황

운동 부족한 회사 분위기, 고칼로리 식단,
회식 문화 취약한 개인 의지

분위기 조성 방안 1, 2
식단개선 방안 1, 2
개인 의지 고취 방안

| 현재 상태<br>(BMI 지수) | 저 체중<br>(<18.5) | 정상<br>(18.5~22.9) | 위함 체중<br>(23~24.9) | 1단계 비만<br>(25~29.9) | 2단계 비만<br>(30 이상) |
|---|---|---|---|---|---|
| 당사 | 5% | 25% | 15% | 40% | 15% |
| 업계 평균 | 5% | 40% | 40% | 5% | 5% |

| 현재 상태<br>(BMI 지수) | 저 체중<br>(<18.5) | 정상<br>(18.5~22.9) | 위함 체중<br>(23~24.9) | 1단계 비만<br>(25~29.9) | 2단계 비만<br>(30 이상) |
|---|---|---|---|---|---|
| 당사<br>(현재상태) | 5% | 25% | 15% | 40% | 15% |
| 목표<br>(3개월 후결과) | 10% | 40% | 40% | 5% | 5% |
| 업계 평균<br>(최근 자료기준) | 5% | 40% | 40% | 5% | 5% |

**6** 예산, 추진 일정, 리스크 대책

## 한 페이지 기획서 작성

앞에서 정리된 피라미드를 기획서로 옮겨보자.

과제가 "어떻게 비만 임직원 살을 빼나?"이므로, 제목은 "비만 임직원 다이어트 추진안(부제 :날씬한 사람들, 건강한 회사 만들기)으로 잡았다. 이어 지는 내용에 따라 목적, 현황 및 원인, 추진 방안 그리고 계획으로 스토 리를 잡았다.

# 비만 임직원 다이어트 추진안
### 부제: 날씬한 사람들, 건강한 회사 만들기

> 당사 비만은 분위기, 식단, 동기 부재에 기안하며 전사적 운동 분위기 조성, 식단 및 회식 문화 개선, 다이어트 펀드 조성으로 비만 직원의 다이어트 추진

## 1. 목적
비만 임직원의 다이어트를 통해 건강하고 활기찬 회사 분위기를 조성하고자 함

## 2. 목표
비만자(BMI 25 이상) 55% → 15% (20##년 ##월 ##일까지)

| 현재 상태<br>(BMI 지수) | 저 체중<br>(<18.5) | 정상<br>(18.5~22.9) | 위험 체중<br>(23~24.9) | 1단계 비만<br>(25~29.9) | 2단계 비만<br>(30 이상) |
|---|---|---|---|---|---|
| 당사<br>(현재상태) | 5% | 25% | 15% | 40% | 15% |
| 목표<br>(##년 ##월) | 10% | 40% | 40% | 5% | 5% |
| 업계 평균<br>(참고, ##기준) | 5% | 40% | 40% | 5% | 5% |

## 3. 현황 및 문제 원인 분석
1) 현황: 직원의 70%가 정상 범위를 초과, 전체 직원 55%가 비만으로 업계평균
   (15%)을 40% 상회하는 등 직원 비만이 양적, 질적으로 심각(##년 건강검진 자료)

2) 비만의 주요 원인: 직원 설문 / OO, OO 시행, FGI 인터뷰 결과
   - 회사 분위기: 야근이 많고, 경직된 분위기로 인해 회사 내 운동 분위기 미조성
   - 고칼로리 위주의 식단과 회식: 회사 급식이 주로 고칼로리 식단으로 구성되며,
     회식 식단 대부분이 주류/고기류로 직원 건강에 해로움
   - 개인 동기 부족: 다이어트에 대한 비만 직원 개인의 동기가 부족, 의지 취약

## 4. 실행방안
1) 운동 분위기 조성을 위해 운동 시설 이용 지원 및 체육의 날 행사 시행
   - 회사 주변 피트니스 센터 이용권 제공
     · A, B 클럽과의 연계 추진: 당사 직원 50% 할인

· 헬스클럽 등록 직원: 25% 비용 지원(영수증 제출과 40% 이상의 출석 증명 시)
  - 분기별 1회씩 체육의 날 행사 추진(각 본부 행사 지원)
    · 각 본부 직원들 간 회사 주변 A공원에서 체육행사 시행
    · 금요일 오전 근무 / 오후 체육 행사(운동복 Day로 복장 자율화)

2) 고칼로리 위주의 식단 개선 및 '문화' 중심의 회식 도입
  - 사내 급식 업체 식단 개선 : 1,000칼로리 → 600칼로리로, 만족도 동일 수준 유지
    · 건강 식단 관련 컨설팅사 웰라이프(well life)와의 협의 추진
    · 유기농 채소 공급 및 옥상에 유기농 채소밭 조성으로 직원 채소 선호도 제고
  - 회식 제도 개선 방안
    · 문화 중심의 회식 위해 프로그램을 개발하고 추천 코스 20선정 / 홍보
    · 우수 회식 본부 장려금 지급(OOO포인트 30만 점)

3) 개인 동기 부여를 위해 펀드 조성 및 인센티브 지원
  - 다이어트 펀드 조성으로 목표 달성자에게 축하금 지급(재원: 참여자 + 회사 지원)
  - OOO 포인트 10만 점 지급


**5. 예산 및 기대효과**

1) 전체 예산: 총 5,000만 원 / 직원 복지비 계정에서 처리

(단위:만 원)

| 다이어트 펀드 | 식단 개선 | 회식 문화 개선 | 컨설팅 | 총금액 |
|---|---|---|---|---|
| 1,500 | 2,000 | 1,000 | 500 | 5,000 |

2) 기대효과
  - 직원 업무 효율성 증대: 비만에 기인한 병가 / 근태 문제 해소로 업무 효율 향상
    · 연인원 150명 / 1,200 Man Hour 개선 예상(최근 3개년 평균 근태 자료)
  - 회사 의료비 절감: 비만 관련 의료비 지출 3억 2,000 만 원(연, 최근 3개년 평균)
    절감에 기여
  - 직원의 건강 향상으로 '젊고 혁신적'이라는 회사 이미지'에 긍정적 기여 가능
    · 유사 사례 : K사, L사

## 6. 일정별 추진 계획

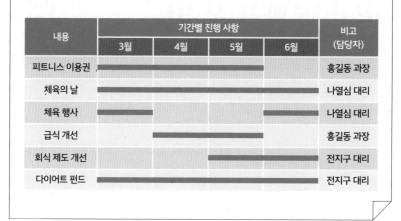

| 내용 | 기간별 진행 사항 | | | | 비고 (담당자) |
|---|---|---|---|---|---|
| | 3월 | 4월 | 5월 | 6월 | |
| 피트니스 이용권 | ■■■■■■■■■■■■ | | | | 홍길동 과장 |
| 체육의 날 | ■■■■■■■■■■■■■■■■ | | | | 나열심 대리 |
| 체육 행사 | ■■■ | | | ■■■ | 나열심 대리 |
| 급식 개선 | | ■■■■■■■■ | | | 홍길동 과장 |
| 회식 제도 개선 | | | ■■■■■■■■ | | 전지구 대리 |
| 다이어트 펀드 | ■■■■■■■■■■■■■■■■ | | | | 전지구 대리 |

## 06

# 실전 사례로 배우는 보고서, 이렇게 쓰면 끝!

앞의 사례와 같이 싱크패드를 작성하고, 피라미드를 구성하면 문서의 목차를 쉽게 만들 수 있다. 이런 프로세스를 연습하고 숙달하면 문서 작성의 속도가 빨라진다. 이번에는 또 다른 사례를 통해 이 과정을 연습해보자.

**Case 연구**

사장님은 최근 E사업(가칭)에 대한 관심이 높아졌다.

각종 언론이나, 조찬 간담회에서 E사업 관련 전망이 좋다는 말을 들으셨던 것으로 전해들었다. 사장님은 당신의 팀에게 "신사업(E사업)을 추진해야 하는가?"에 대해 보고할 것을 지시하셨다. 이에 보고서를 준비한다면 어떻게 하겠는가?

## 방향성을 채워 '피라미드의 질문'을 완성한다

우선 싱크패드의 방향성을 채워야 한다.

- 환경 분석을 위해 최종 결재자(사장님), 지시자(사장님), 납기(3주 이내)를 확인했다.
- 과제는 "E사업을 추진해야 하는가?"로, 의도는 '당사의 신사업 추진 여부 결정'으로 쉽게 작성할 수 있었다.
- 목적의 What은 E사업 관련 입체적 환경 분석 및 타당성 검토, Why는 그룹 성장 동력 사업으로의 추진 여부 결정으로 정리했다.
- 문서의 최종 고객인 사장님을 A.S.K.로 분석했다.
  - A: 신사업의 필요성에 대해 질감하고 적극적 상태, 이번 신사업에 대해서는 아직 긍정 / 부정의 결정을 내리지 않음
  - S: 읽는 형, 논리적 사고 중시, 숫자에 강하고, 납기를 중시함
  - K: 신사업 관련 이해는 부족함

이렇게 채워보니 피라미드의 핵심 질문은 한 가지로 "당사의 신사업 추진이 타당한가?"라는 정보형이다(❶). 이에 따라 피라미드의 기본 구조는 병렬형으로 잡을 수 있었다(❷).

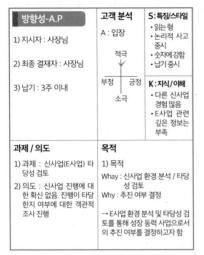
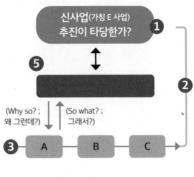

| 방향성-A.P | 고객 분석 | S:특징/스타일 |
|---|---|---|
| 1) 지시자 : 사장님<br><br>2) 최종 결재자 : 사장님<br><br>3) 납기 : 3주 이내 | A : 입장<br><br>적극<br><br>부정　　긍정<br><br>소극 | • 읽는 형<br>• 논리적 사고 중시<br>• 숫자에 강함<br>• 납기중시<br><br>K:지식/이해<br>• 다른 신사업 경험 많음<br>• E사업 관련 깊은 정보는 부족 |
| **과제 / 의도** | **목적** | |
| 1) 과제 : 신사업(E사업) 타당성 검토<br>2) 의도 : 신사업 진행에 대한 확신 없음. 진행이 타당한지 여부에 대한 객관적 조사 진행 | 1) 목적<br>Whay : 신사업 환경 분석 / 타당성 검토<br>Why : 추진 여부 결정<br><br>→ E사업 환경 분석 및 타당성 검토를 통해 성장 동력 사업으로서의 추진 여부를 결정하고자 함 | |

## 논리적 근거를 만들고 피라미드의 스토리라인을 정리한다

이제 피라미드의 근거를 만들 차례다. 어떤 정보를 찾아야 할까?

현재 문서의 지시자인 사장님은 검토 배경을 잘 알고 있으므로, 현황 중심으로 내용을 모아야 할 것 같다.

원인 관련 사항은 수집할 필요가 없다. 그럼 현황과 관련해서는 어떤 정보를 모으면 좋을까? 아무래도 E시장 관련해서 전망, 경쟁 상황, 고객들의 의견, 당사 경쟁력을 중심으로 수집할 필요가 있다.

고객의 의견을 모으기 위해서는 설문, 포커스 그룹 인터뷰, 판매자들의 의견을 정리하는 게 좋을 것 같다. 경쟁 상황을 위해서는 5Force 분석, 시장 점유율 분석, 주요 플레이어를 분석하기로 했다.

이런 방법으로 정보를 모아서 분석해보니 다음과 같은 아홉 가지의 주요 내용으로 정리할 수 있었다.

---

1. 시장이 성장기에 있다. 최근 5년간 평균 성장률 10%이고, 향후 5년간 연평균 성장률 10%가 예상된다.
2. 경쟁 양상에 아직 별다른 특색이 나타나고 있지 않다.
3. 주요 플레이어는 A사, B사, C사, D사이며 압도적 점유율을 보이는 업체는 없다.
   - 시장 점유율: A사(5%), B사(5%), C사(4%), D사(4%)
   ※ 나머지 82%는 다수의 영세 업체들이 점유하고 있다.
4. 당사는 E사업 추진 시 기존의 판매 채널을 활용할 수 있다.
5. E사업 추진 시 당사의 X사업 엔지니어들을 활용할 수 있다.
6. 고객 특성: 고객들은 E사업 분야 제품에 대해 브랜드보다 기능 측면을 중시하고 있다. 특히 속도, 편의성이 높은 제품의 특성을 중요하게 생각한다.
7. 시장의 잠재 규모가 크다. 타국의 사례(영국, 미국)를 검토할 경우, 국민 소득 3만 5,000달러 시점에서 시장이 급격히 확대된다.
8. 당사는 기존 사업의 호황으로 당분간 현금흐름(Cash flow)에 여유가 있다.
9. 고객들은 당사의 이미지와 해당 사업 영역에 연관성을 강하게 느끼고 있다.

---

이렇게 모인 정보들을 분석하기 위해서 우선 MECE하게 분류할 필요가 있다. 이 내용은 앞의 장(100쪽 사례)에서 정리했던 것처럼 시장(1, 6, 7), 경쟁(2, 3), 당사(4, 5, 8, 9)로 분류할 수 있다.

이렇게 분류된 내용에서 핵심 메시지를 뽑는 절차가 필요하다.

- 시장(1, 6, 7)에 대해서는 앞에서 언급했던 것처럼 '시장의 성장성이 좋고, 고객 성향상 후발 주자의 진입이 용이하다'라고 정리할 수 있다.

- 경쟁(2, 3) 정보를 요약한다면 기존 경쟁 업체들이 전략상 독특한 양상이 없고, 시장의 지배력이 높지 않다. 따라서 '경쟁 강도가 높지 않아서 후발 주자로서 경쟁이 용이하다'라고 정리할 수 있다.

- 당사(4, 5, 8, 9)의 경우 4, 5의 내용에서는 '활용할 수 있는 보유 자원이 많다'라는 메시지를 언급할 수 있다. 그리고 내부 보유한 현금 유동성과 고객의 인식 측면에서 '대내외 여건이 좋다'라는 생각이 가능하다. 따라서 '당사는 활용 가능한 자원이 많고, 대내외 여건이 양호하다'라는 핵심 메시지로 정리가 가능하다.

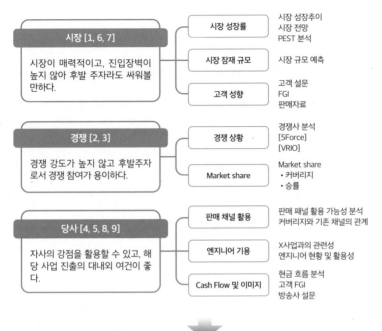

시장 [1, 6, 7]

시장이 매력적이고, 진입장벽이 높지 않아 후발 주자라도 싸워볼 만하다.

| 시장 성장률 | 시장 성장추이<br>시장 전망<br>PEST 분석 |
| 시장 잠재 규모 | 시장 규모 예측 |
| 고객 성향 | 고객 설문<br>FGI<br>판매자료 |

경쟁 [2, 3]

경쟁 강도가 높지 않고 후발주자로서 경쟁 참여가 용이하다.

| 경쟁 상황 | 경쟁사 분석<br>[5Force]<br>[VRIO] |
| Market share | Market share<br>• 커버리지<br>• 승률 |

당사 [4, 5, 8, 9]

자사의 강점을 활용할 수 있고, 해당 사업 진출의 대내외 여건이 좋다.

| 판매 채널 활용 | 판매 패널 활용 가능성 분석<br>커버리지와 기존 채널의 관계 |
| 엔지니어 기용 | X사업과의 관련성<br>엔지니어 현황 및 활용성 |
| Cash Flow 및 이미지 | 현금 흐름 분석<br>고객 FGI<br>방송사 설문 |

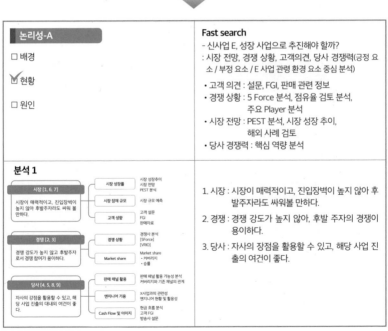

### 논리성-A

☐ 배경

☑ 현황

☐ 원인

**Fast search**
- 신사업 E, 성장 사업으로 추진해야 할까?
: 시장 전망, 경쟁 상황, 고객의견, 당사 경쟁력(긍정 요소 / 부정 요소 / E 사업 관련 환경 요소 중심 분석)

• 고객 의견 : 설문, FGI, 판매 관련 정보
• 경쟁 상황 : 5 Force 분석, 점유율 검토 분석,
주요 Player 분석
• 시장 전망 : PEST 분석, 시장 성장 추이,
해외 사례 검토
• 당사 경쟁력 : 핵심 역량 분석

**분석 1**

1. 시장 : 시장이 매력적이고, 진입장벽이 높지 않아 후발주자라도 싸워볼 만하다.

2. 경쟁 : 경쟁 강도가 높지 않아, 후발 주자의 경쟁이 용이하다.

3. 당사 : 자사의 장점을 활용할 수 있고, 해당 사업 진출의 여건이 좋다.

# 피라미드에서 보고서 만들기

논리성의 블록을 채웠다면, 보고서의 피라미드를 거의 완성했다. 이제 결론 메시지를 정리해야 한다. 피라미드 상단은 하단의 메시지를 요약하는 내용이므로 시장, 경쟁, 당사의 핵심 메시지를 다시 요약해주면 결론 메시지가 완성된다. 따라서 결론 메시지는 '시장의 성장성과 후발 주자 진입의 용이성 측면에서 매력이 높음. 당사 강점을 활용하여 초기 투자 비용을 절감하고 경쟁우위를 점할 수 있으므로 사업 추진이 타당함'이라고 정리할 수 있다. 이러한 내용들을 채워넣으면 피라미드를 완성할 수 있다.

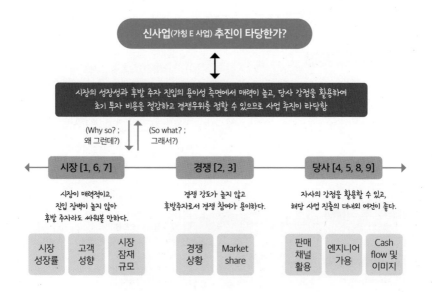

# 신 먹거리 창출을 위한 신사업(가칭 E사업) 추진 타당성 검토 보고

> 지속적인 시장의 성장성과 후발주자 진입의 용이성에서 매력이 높고, 당사 강점을
> 활용하여 초기 투자비용을 절감하고 경쟁우위를 점할 수 있으므로 추진이 타당함

## 1. 검토 목적

신사업 관련 입체적 환경 분석과 타당성 검토를 통해 성장 동력 사업으로서의
추진 여부를 판단하고자 함

## 2. 주요 검토 내용

1) 시장 환경 분석: 시장이 매력적이고, 고객 성향상 진입 장벽이 낮아서
    후발 주자라도 경쟁이 가능함

  - 시장 성장률: 연평균 10%의 성장률을 보이고 있으며, 주기상 성장기에 진입
    • ○○년: 1조 2,000억 원, □□년: 1조 4,000억 원(△△년: 3조 원 예상 )
    • GNP 3만 5,000달러 수준에 시장 급격히 확대 되는 선례(영국, 미국)를 볼 때,
      한국 시장의 폭발적 성장 가능성 높음

  - 고객 성향: 고객들이 브랜드보다는 기능 중심의 성향을 보이고 있으므로,
    후발 주자라 할지라도 고객 요청 기능을 만족시킨다면 경쟁 우위를 점할 수 있음

2) 경쟁 환경 분석: 시장 내 경쟁 강도가 높지 않아 후발 주자의 경쟁이 가능함

  - 경쟁 상황: 경쟁 전략이나 시장 접근 방식에서 차별화된 강점을 보유한 업체 부재
    • 대부분 가격 경쟁력 중심의 경쟁 양태를 보이고 있음

  - 시장 점유율 분석: A사(5%), B사(5%), C사(4%), D사(4%)
    ※ 나머지 82%는 다수의 영세 업체들이 점유하고 있음

3) 당사 경쟁력 분석: 당사의 인적 자원과 판매 채널 강점을 활용하기 용이하며
    대내외 여건(자금 상황, 대고객 이미지 측면)이 긍정적임

  - 기존 판매 채널의 활용 가능: 기존 오프라인 매장과 판매인력 활용도 제고
    • 오프라인 매장 ○○ 개소

  - 보유 엔지니어 활용 가능: 유사한 사업군의 (X 사업) 엔지니어들을 활용 가능
    • 개발 인력: ○○명, 연구 인력: ○○명 활용 가능
    • 소수의 외부 인원 충원만으로도 초기 사업 가동 가능

이처럼 피라미드의 내용이 그대로 문서로 정리되었다. 피라미드의 질문이 문서의 제목으로, 결론이 문서의 대괄호로, 피라미드의 하단이 문서의 본문으로 연결되면 문서 전체의 내용이 작성되었다.

# 피라미드 구조와
# PPT 문서의 스토리라인

## 07

피라미드 구조를 활용하면 워드형 한 페이지 문서뿐만 아니라 PPT 문서도 쉽게 작성할 수 있다. 피라미드 구조의 내용 자체가 PPT의 구성 요소로 바로 변환될 수 있기 때문이다.

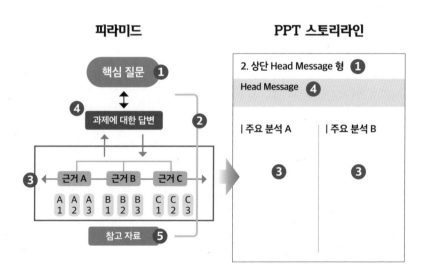

병렬형 피라미드를 통해 한 페이지 PPT 보고서를 작성해보자. 피라미드 구조의 질문은 문서의 제목이 된다. 피라미드의 결론은 문서의 헤드 메시지가 된다. 피라미드의 근거들은 문서의 본문 내용이 된다.

즉 피라미드의 구성 요소 자체가 PPT 문서의 내용이 되고, 그대로 옮기는 것으로 문서를 완성할 수 있다. 앞에서 제시했던 신사업 추진 타당성에 대한 내용도 다음처럼 한 페이지로 정리가 가능하다.

## 신규 시장 진입 타당성 검토

지속적인 시장의 성장성과 후발 주자 진입의 용이성에서 매력이 높고, 당사 강점을 활용하여 초기 투자 비용을 절감하고 경쟁우위를 점할 수 있으므로 사업을 추진하는 것이 타당함

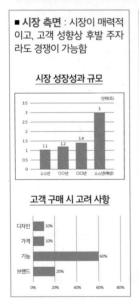

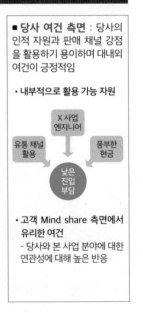

이러한 방식으로 한 페이지 기획서도 작성이 가능하다. 기획서 작성을 위해 해설형 피라미드를 작성하면 피라미드 구조의 구성 내용이 한 페이지 기획서의 주요 요소로 바로 연결이 가능하다.

피라미드의 질문은 제목으로, 결론은 헤드메시지로 동일하게 연결된다. 또한 해설형 피라미드의 논리 흐름을 그대로 연결해서 PPT의 좌변에는 분석 중심의 내용으로, 우변에는 실행 방안의 내용을 옮겨놓을 수 있다.

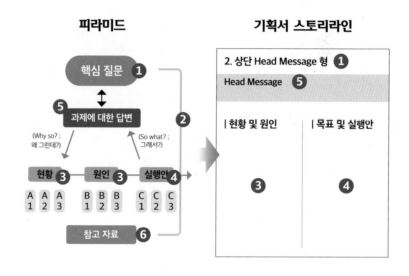

이러한 방식으로 앞에서 만들었던 '회사 비만 임직원 다이어트' 피라미드를 다음과 같이 한 페이지 PPT 기획서로 쉽게 작성할 수 있다.

## 고도비만 직원 다이어트 방안(날씬한 사람들, 건강한 회사 만들기)

당사의 비만 원인은 분위기, 식단, 동기 부재에 있으므로 회사 내 운동 분위기 조성, 식단 및 회식 문화 개선, 다이어트 펀드 조성 통한 직원 동기부여로 비만 직원의 다이어트를 추진하고자 함

### 현황 및 원인

■ **현황** : 전 직원의 70%가 비만임. 특히 전 직원의 55%가 중/고고도비만으로 업무 수행 시 저해 요인이 되고 있음

■ **회사 직원 비반의 주요 원인**

1) 회사 분위기: 야근이 많고, 경직된 분위기로 인해 회사 내에서 운동 관련 분위기가 조성되어 있지 않음
   - 동아리: 회사 내 운동 동아리가 있으나 실제로는 운영 부진
   - 시설 측면: 최근 들어 회사에 운동시설을 도입함으로써 효과를 보고 있는 기업들이 있음

2) 고칼로리 위주의 식단과 회식: 회사 급식이 주로 고칼로리 위주로 구성되어 있으며, 회식의 대부분이 주류, 고기류임

■ 회식의 50%가 고기와 술 중심
■ 다이어트, 건강 관련 회식은 전체의 10% 이내로 적음
■ 원인은 별다른 대안이 없음에 기인

3) 개인 동기 부족: 회사에 비만 직원이 많기 때문에 직원 개인의 동기가 부족하며, 살을 빼고자 하는 의지가 취약함
   - 희망자 적음: 비만자의 50% 정도만 다이어트 캠페인에 긍정적
   - 타사 벤치마킹: 재미, 금전, 서약의 요소들이 주 성공 요인임

### 목표 및 실행 방안

■ **목표** : 20##년 ##월 ##일까지 고도비만자(비만지수 110% 이상) 55%를 15% 이하로 낮추고자 함

■ **다이어트 실행 방안**

1) 운동 분위기 조성을 위해
   가) 회사 주변 피트니스 센터 이용권 제공
      - A, B 클럽과의 연계 추진: 당사 직원 50% 할인
      - 헬스클럽 등록 직원: 25% 비용 지원
   나) 분기별 1회씩 체육의 날 행사 추진
      - 매 분기 1회씩 각 본부의 운동행사 지원
      - 금요일 오전 근무, 오후 체육 행사
      *체육 행사의 활성화를 위해 월 1회 금요일 운동복 Day 시행

2) 고칼로리 위주의 식단 개선 및 '문화' 중심의 회식 도입
   가) 회사 급식 업체와의 내용 협의: 현재 끼니당 300칼로리→200칼로리로 맞추되 직원 만족도는 동일 수준으로 유지
      - 건강 식단 관련 컨설팅사 웰라이프(Well life)와의 협의 추진
      - 직원 만족도를 위해 유기농 채소 공급
      - 회사 옥상에 유기농 채소밭 조성을 통해 채소에 대한 선호도 증가
   나) 회식 제도 개선 방안
      - 문화 중심의 회식 위한 프로그램 개발(컨설팅사 웰라이프에 자문)
      - 추천 코스 20선정 및 우수 회식 본부 장려금 지급

3) 개인 동기부여 제도 마련
   가) 참여자 펀드 조성을 통해 목표 달성자에게 축하금 지급
      - 재원: 목표 미달성자(월 2만 원)+회사 지원

## 상사가 여러 장의 PPT 보고서를 선호할 경우

상사의 스타일이나 상황에 따라 한 장의 PPT보다는 양이 많은 자료를 선호하는 경우도 있다. 또는 발표용으로 활용하고 싶은 경우도 있다. 그렇다면 새롭게 자료를 만드는 것이 아니라 피라미드를 기반으로 해서 PPT의 디테일을 추가하는 것이 좋다.

피라미드 구조는 다음과 같이 PPT의 스토리라인으로 바로 연계가 가능하다. 피라미드의 핵심 질문과 답변은 PPT 스토리라인의 표지, 목차, 전체 요약으로 연결된다. 근거에 존재하는 A, B, C는 PPT 스토리에서 근거로 제시될 수 있다. 상대가 원하는 양에 따라 디테일의 수준을 정해서 조절이 가능하다.

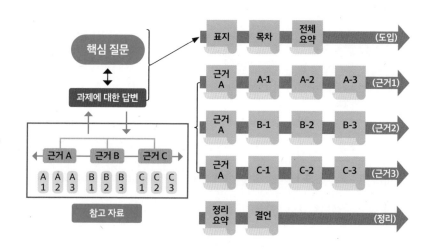

앞에서 한 장으로 보고했던 E시장 진입 관련 보고서는 다음과 같이 세 장으로 쉽게 양을 조절할 수 있다.

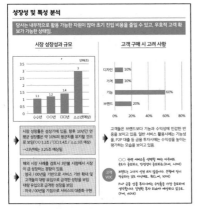

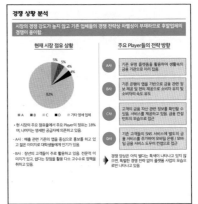

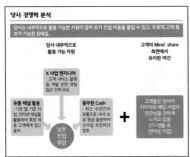

피라미드를 통해 메시지를 논리적으로 구성했다면, 그 내용을 한 페이지 워드 문서, 한 페이지 PPT 문서, 여러 장의 PPT 문서로 쉽게 작성할 수 있다.

# 죽은 문서 살려내는 법, 참 쉽쥬!

## 08

지식 근로자는 생각하는 것이 일이다. 그럼 일을 잘한다는 것은 생각을 잘하는 것이다. 따라서 일을 제대로 어필한다는 것은 잘 생각한 것을 어필하는 것이다.

안타까운 것은 현장의 많은 문서가 생각을 보여주지 못한다는 점이다. 작성자의 고민이나 작성자가 어떤 생각을 했는지를 보여주지 못한다. 그래서 문서를 보는 상사는 답답하다. 결론의 근거가 보이지 않고, 논리 사이에 생각이 어떻게 연결되고 있는지 이해하기 어렵다. 작성자의 생각이 사라져버린 것 같은 문서, 고민의 흔적이 보이지 않는 문서, 즉 죽은 문서다.

예를 들어 이런 문서를 살펴보자.

### 제목 : 열처리 로 구입 품의의 건

중간대를 생산함에 있어 스프링 열처리에 필요한 '열처리 로'를 아래와 같이 구입하고자 하오니 검토 후 재가 바랍니다.

- 아　래 -

**1. 품명:** A type 열처리 로(Furnace)

**2. 수량:** A type 열처리 로 3개, 트레이 10개

**3. 규격**(너비 / 높이 / 길이: 단위 mm)

- 열처리 로(2,000×1,500×2,000)
- 트레이(1,000×1,200×1,000 )

**4. 구입 가격** (VAT 별도 / 원)

(단위: 원)

| 납품처 | A사 | B사 | C사 | D사 |
|--------|------|------|------|------|
| 견적가 | 40,000,000 | 57,000,000 | 42,000,000 | 30,000,000 |
| Nego가 | 36,000,000 | 46,000,000 | 38,000,000 | - |

**5. 납기일:** 발주 후 30일 이내

**6. 결제 조건:** 납기 완료 및 시운전 후 현금 100%

- 끝 -

보통 이 문서를 그대로 보여주고, 문서가 잘 작성되었는지 평가하라고 하면 많은 사람이 그런대로 괜찮다는 반응을 보인다. 깔끔하게 정리가 잘 되어 있고, 무난하게 보이기 때문이다. 그러나 이 문서의 내용을 상사의 관점에서 보면 비어 있는 생각의 고리들이 있다.

이 문서의 작성자가 내린 결론은 'A사로부터 필요 물품을 구매하겠다'는 것이다. 그러면 이 문서에 대해 상사가 던질 질문은 무엇인가?

피라미드 법칙에 따른다면 'Why so: 왜 A사로부터 사겠다는 거지?'
이다. 중요한 것은 이 질문에 대한 답을 문서에서 찾기 어렵다는 점이
다. 열심히 찾아봐도 가격 이외의 내용은 보이지 않는다. 중요한 많은
조건이 누락되어 있기 때문이다.

동시에 "왜 A사의 가격이 좋지?"라는 상사의 질문에 대해 답을 하려
고 하면 더욱 비논리적인 내용이 눈에 들어온다. A사의 네고(Nego) 가
격은 D사의 초기 입찰 가격보다도 훨씬 비싸다는 점이다. 즉 이 문서의
내용은 A사로부터 물품을 구입하겠다는 것에 대해 전혀 논리적인 이
유를 제공하고 있지 못하다.

이는 다음 피라미드 구조에서 한눈에 드러난다.

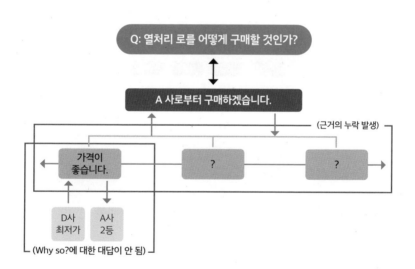

이 문서의 논리가 구성되기 위해서는 왜 A사로부터 구매할 것인지에 대해 논리적인 답이 제공되어야 한다.

만약 병렬형으로 내용을 준비한다면, '가격 – 성능 – 기타 조건'으로 구성해볼 수 있다. 반면 해설형으로 내용을 준비한다면, '사실 – 판단 조건 – 판단 결과'라는 틀을 통해 다음과 같은 피라미드 구조의 구성이 가능하다.

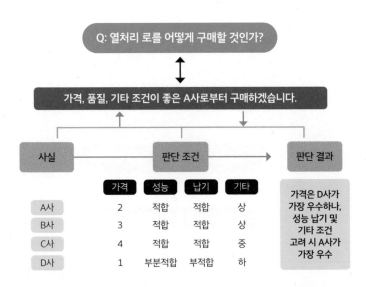

이러한 흐름이라면 앞의 문서는 다음과 같이 수정해볼 수 있다.

## 제목: A사(社) 열처리 로 구입 품의의 건

중간대를 생산함에 있어 스프링 열처리에 필요한 '열처리 로'를 아래와 같이 구입하고자 하오니 검토 후 재가 바랍니다.

- 아 래 -

**1. 주요 거래선 판매 조건 검토의 건:** 가격, 성능 및 제반 조건에서 A사가 가장 우수함

(단위: 100만 원)

| 납품처 | 가격 | | 성능 | 기타 |
| | 견적가 | NEGO가 | (안정성/처리 속도) | (납기 및 A/S) |
|---|---|---|---|---|
| A 사 | 40 | 36 | 적합 | 납기: 발주 후 30일 이내<br>A/S: 전문 센터 운영 |
| B 사 | 57 | 46 | 적합 | |
| C 사 | 42 | 38 | 적합 | |
| D 사 (해외) | 30 | - | 부적합 | 납기: 발주 후 60일<br>A/S: 대행 위탁업체 |

**2. 구매 물품 세부 내역 및 결제 조건**

　1) 품명: A type 열처리 로(Furnace)

　2) 수량: A type 열처리로 3개, 트레이 10개

　3) 규격(너비 / 높이 / 길이: 단위 mm)

　　• 열처리로(2,000×1,500×2,000)

　　• 트레이(1,000×1,200×1,000)

　4) 결제 조건: 납기 완료 및 시운전 후 현금 100%

- 끝 -

문서를 통해 전달하려는 것은 무엇인지, 그것은 어떤 생각에 기반하고 있는지를 보여줌으로써 문서가 살아날 수 있다. 문서에 담긴 생각이 문서의 가치를 높인다. 다른 사례의 문서를 생각해보자.

## 골프 체육 행사 실행안

### 1. 개요
- 목적: 각 직급이 함께하는 골프행사를 통한 소통의 장 마련
- 일시: ##년 ##월 ## 일, ○○~○○시, 장소: ○○ CC
- 인원: 임원 ○○명, 부장 ○○명, 과/차장 ○○명, 사원/대리 ○○명
※ 프로 골프 선수 ○○ 참여

### 2. 행사 진행 일정
- 09:00~10:00 개회식
- 10:00~12:00 오전 경기 1Round
- 13:00~14:00 오찬
- 14:00~16:30 오후 경기 2Round
- 16:30~17:30 시상 및 총평
- 17:30~19:00 회식(○○가든)

### 3. 상품 및 예산
- 상품: 1등상 (        ), 2등상 (        ), 3등상 (        ), 비거리상, 폼상
- 예산: 총 ○○ 백만 원
- 참가비: 인당 ○ 만 원

### 4. 부서별 협조 사항
- 인사팀:
- 홍보팀:
- 총무팀:

- 끝 -

이러한 행사를 기획해서 상사에게 올렸다. 상사 입장에서 담당자가 고민한 흔적을 찾아보고 싶다. 담당자의 고민은 어디에 있을까? 현장의 문서를 보다 보면 이렇게 작성된 문서를 많이 만나게 된다.

작성자에게 물어보면 이 내용을 작성하기 위해 자신이 많은 고민을

했고, 그 고민의 그 결과물들을 문서의 구석구석에 녹여두었다고 한다. 그러나 안타까운 점은 상사는 그 고민을 파악하기 쉽지 않다는 것이다. 그리고 상사가 문서의 논리를 검토하기 시작하면 이해하기 어려운 사항들이 더 많아진다.

- 이번 행사 한마디로 어떻게 하겠다는 거지? ⇒ (콘셉트가 없다.)
- 이번 행사가 전년과 차별화된 점은 무엇이지? ⇒ (차별화가 없다.)
- 이런 사항은 왜 들어가 있지? ⇒ (논리가 없다.)

많은 직원은 이렇게 묻는 상사는 까칠하다고 생각한다. 원래 그렇게 해왔다고, 이 행사는 10년째 이렇게 하고 있다고 말하고 싶다. 그러나 이런 식으로 문서를 작성하는 데 익숙해지면 안 된다. 작성자의 고민한 흔적, 생각의 결과물이 보이지 않는다. 즉 상사가 봤을 때, 담당자가 어떤 일을 한 것인지 이해할 수 없기 때문이다.

동시에 항상 이렇게만 문서를 작성한다면 작성자 역시 일에서 재미를 느끼기 힘들다. 같은 방식으로, 같은 일을 매일 하는데 재미가 있다면 그것은 정신이 조금 이상한 것이다. 재미가 있으려면 자신의 흔적, 생각, 고민이 조금이라도 녹아들어가야 한다. 그래야 그 결과물이 보고 싶어진다. 그래야 그 일이 내 일처럼 느껴진다. 그래야 그 일이 제대로 되었으면 하는 마음이 커진다.

그렇다면 이러한 행사 한 건을 기획할 때, 생각을 집어넣기 위해 어떻게 하면 좋을까? 우리가 배웠던 피라미드를 생각해보자.

방향성에서 문서의 과제와 문서의 고객인 상사를 고민해보자. 골프 행사를 잘 진행하기 위한 기획이 과제라면, 요즘 상사의 고민과 관심 사항은 무엇일까? 이것을 생각해보니, 상사가 최근 '하나, 한 가족, 단합'과 같은 말을 많이 했다.

논리성을 위해 어떻게 하면 좋을까?

기존 골프 행사에 대해 분석해볼 필요가 있다. 특히 어떤 점에서 참가자들이 불만을 느꼈었는지, 어떤 점에서 윗분들이 바라는 모습과 달랐었는지, 또 더 좋은 행사가 되기 위해 어떤 점들이 필요한지 조사해볼 수 있다. 이를 위해 간단한 설문을 해도 좋고, 기존 행사 결과 보고서를 뒤져봐도 좋다. 또는 이 행사에 관심이 많은 임원들에게 가볍게 물어볼 수도 있을 것이다.

이제 이러한 분석을 기반으로 어떻게 행사를 추진하면 되는지 안을 만들어보자. 기존의 한계를 극복하고 더 좋은 행사가 되기 위해 다른 사람의 의견을 들어보고, 또 다른 곳의 사례들을 확인해볼 수도 있을 것이다.

이런 생각들을 정리해서 피라미드로 만들어보면 다음과 같다.

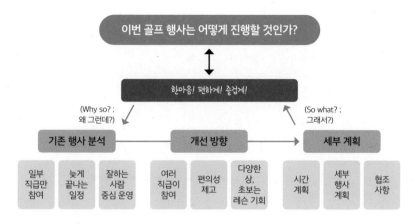

이렇게 생각의 틀이 준비되었다면 쉽게 문서로 옮길 수 있다.

## 함께 소통하고 함께 즐거운 한마음 골프 체육 행사 안(案)

### 1. 개요
- 목적: 각 직급이 함께 하는 골프행사를 통해 하나 되는 소통의 장 마련
- 일시: ##년 ##월 ## 일, ○○~○○시,  장소: ○○ CC
- 인원: 임원 ○○명, 부장 ○○ 명, 과/차장 ○○명, 사원/대리 ○명
  ※ 프로 골프 선수 ○○○ 참여 (원포인트 레슨 담당)

### 2. 기존 행사 분석 및 금번 추진 방향

| > 기존 행사 분석 | > 금번 행사 방향 |
|---|---|
| ■ '하나'의 의미 퇴색<br> - 일부 임원들만 참가<br> - 1등 상품이 너무 커서 지나친 경쟁 유발<br><br>■ 진행 미숙 및 참가자 미 배려<br> - 너무 늦게 끝난다는 불만<br> - 실력 차이가 너무 많다는 불만 | ■ '하나 됨'의 의미 확보를 위해 '전 계층' 및 희망자 참여 기회 제공<br><br>■ 2R로 제한하여 경기 진행 및 교통 여건 중심의 CC 선택<br><br>■ 다양한 상품 확보 및 프로골퍼 초청 통한 실력 향상 기회 제공 |

### 3. 일정별 행사 진행
- 09:00~10:00 개회식
- 10:00~12:00 오전 경기 1Round
- 13:00~14:00 오찬
- 14:00~16:30 오후 경기 2Round
- 16:30~17:30 시상 및 총평
- 17:30~19:00 회식(○○가든)

### 4. 상품 및 예산
- 상품: 1등상 (　　　), 2등상 (　　　), 3등상 (　　　), 비거리상, 폼상
- 예산: 총 ○○백만 원
- 참가비: 인당 ○○만 원

### 5. 부서별 협조 사항
- 인사팀:
- 홍보팀:
- 총무팀:

- 끝 -

문서의 내용은 크게 바뀐 게 없다. 그렇지만 내용의 흐름은 크게 바뀌었다. 상사의 관점에서 작성자의 생각이 보인다. 앞에서 본 상사의 질문에 대해 이 문서는 이런 답을 주고 있기 때문이다.

- 이번 행사는 한마디로 어떻게 하겠다는 거지?
  → 요즘 당사가 지향하는 방향에 맞춰서 '한마음! 직원들이 즐겁고 편안한 행사!'입니다.

· 이번 행사가 전년과 차별화된 점은 무엇이지?

→ 직급의 벽을 넘고, 실력의 벽을 넘어 함께 즐기는, 모두가 승자
가 되는 행사입니다.


· 이런 사항(직급이 많아지고, 장소가 변경되고, 프로 골퍼가 참여, 다양한 상, 기
존 대비 시간 단축)은 왜 들어가 있지?

→ 작년 행사 관련 설문과 인터뷰를 했을 때, 아쉬운 점으로 제기되
었던 부분(과다한 경쟁, 불편함, 일부만 참가)을 해결하기 위한 방안입
니다.


상사에게 나의 생각을 보이자. 얼마나 열심히, 치열하게 고민했는지
보여주자. 나의 생각을 어필하는 수단으로 문서가 사용될 때, 죽은 문
서가 살아난다. 그리고 무의미한 문서 작성의 시간들이 생생한 업무의
시간이 될 것이다.

# 부하직원의 문서를
# 코칭하는 법

**바빠 죽겠는데, 문서 코칭까지 하라고요?**

현장에서 부하직원의 문서를 보고 답답함을 느끼는 상사가 많다. 제대로 써오는 부하직원
이 그리 많지 않기 때문이다. 그런데 부하직원의 입장에서도 답답한 경우가 많다. 문서에
대한 상사의 코칭을 제대로 받지 못하는 경우가 많고, 막연한 피드백을 받거나, 심한 경우
화풀이의 대상이 되는 것 같다. 이런 비극이 생기는 이유를 상사의 입장에서 분석해본다면
상사의 마인드 측면과 스킬 측면에서 생각해볼 수 있다.

많은 경우 상사들은 문서를 작성하는 것은 부하직원의 일이라고 생각한다. 상사의 일은 단
지 검토하고 결재하는 것이라고 생각한다. 그러니 작성에 대한 고민은 부하직원이 알아서
해야 한다고, 그렇게 배우는 거라고 생각한다. 동시에 대부분의 상사는 바쁘다. 머리도 복
잡하고, 생각할 것도 많은데 부하직원의 문서를 붙잡고 고민해줄 여유가 없다.

또 상사 입장에서 부하직원의 문서를 봤을 때 어디가 이상한지 콕 짚어서 설명하기 어려운
경우가 많다. 대부분의 상사 역시 작성하는 법은 많이 연습했으나 코칭을 배운 적은 없기
때문이다. 그래서 분명 논리가 이상하고 앞뒤가 맞지 않는 것 같은데, 어디를 고치라고 해
야 할지 난감하다. 많은 상사가 "이게 문서야? 이게 무슨 말이야? 다시 써와!"라고 재작성
을 지시하며 막연한 피드백을 주는 이유가 여기에 있다.

그러나 이런 상황에서 부하직원이 재작성해오는 문서 역시 마음에 안 드는 경우가 많고,

오히려 처음 것보다 더 이상해지는 경우도 많다. 그래서 한참을 반복하다 다시 "처음 것 갖고 와!"라고 지시하는 경우도 있다.

이런 경우 부하직원들은 문서를 수준 있게 작성할 동기가 생기지 않는다. 그리고는 어차피 고민해서 작성해봐야 고생만 하게 될 것이 뻔하기 때문에 그냥 대충 작성하겠다는 마음을 먹게 된다. 악순환이다.

국내 한 굴지의 대기업에서 조사한 결과에 따르면 일반적으로 직원 한 명이 일주일에 문서를 3건 정도 작성한다고 한다. 그리고 평균 수정 횟수가 3회 정도였다. 따라서 상사는 직원한 명당 일주일 평균 9회 정도의 문서 검토하는 것이다. 만약 직원이 10명인 부서장이라면 약 90회 정도의 문서 검토를 하게 된다. 부하직원의 부실한 문서 역량은 필연적으로 상사의 과중한 업무로 이어지게 된다.

따라서 문서 코칭을 통해 부하직원의 수준을 높이는 것은 상사 스스로 업무량을 줄일 수 있다는 점과 부하직원들이 생각하며 일할 수 있게 독려한다는 점에서 중요하다.

### 쓸 줄은 알지만 문서 코칭은 배운 적이 없는데요?

문서를 코칭하기 위해서는 수준 낮은 문서의 세 가지 문제 유형을 이해해야 한다.

첫 번째 유형은 딴소리형이다. 상사가 시킨 과제와 전혀 다른 문서를 작성해오는 것이다. 또는 문서에서 말하는 결론이 과제와 전혀 매칭이 되지 않는다.

두 번째 유형은 허술형이다. 문서에서 근거를 찾기 힘들다. 주장이 있으면 근거를 통해 뒷받침하고 논증을 해줘야 하는데, 논리적 근거 없이 주장만 반복하고 있는 경우다. 때로는 근거를 많이 제시하기는 하는데 근거와 주장이 전혀 연결되지 않는다.

세 번째 유형은 횡설수설형이다. 글의 흐름이 없고, 스토리가 산만하고, 읽으면 읽을수록 무슨 말인지 모르겠다.

다음에 제시된 사례를 통해 이런 문서가 어떤 모습인지 살펴보자.

조직문화팀장은 회사 내 흡연율이 높다고 인식하고 이것을 어떻게 개선해야 하는지 고민되었다. 그래서 김 과장에게 이에 대한 기획서 작성을 요청했다.

3주의 시간이 지나서 김 과장은 다음과 같은 기획서를 제출하였다.

## 제목 : 사내 금연 운동 시행 방안

직원 건강 증진 및 업무 효율 극대화를 위해 직원 금연을 적극 권장하고 이를 위해 흡연 문화의 개선과 직원 동기 향상을 위한 제도를 도입하고자 함

### 1. 추진 목표
사내 직원 흡연율을 현재 70%에서 25% 이하로 감소

### 2. 현재 상황
1) 흡연율에 따른 휴식시간 현황

| 구분 | 총 직원 수 | 흡연자 | | 비흡연자 | |
|------|-----------|--------|--|---------|--|
| | | 흡연 직원 수(%) | 평균 휴식 시간 | 비흡연 직원 수(%) | 평균 휴식 시간 |
| 남성 | 50 | 40(80%) | 3 | 10(20%) | 1 |
| 여성 | 50 | 30(60%) | 2 | 20(40%) | 1 |
| 평균 | - | 70% | 2.5 | 30% | 1 |

2) 흡연자 관련 당사 의료비 지출 현황
- 최근 3개년간 지속적인 의료비의 증가 추이를 보이고 있음
- 특히 흡연 직원 / 흡연 관련 질병을 중심으로 급격한 증가세가 나타남
  : 흡연 관련 질병으로 인한 비용 : ○○년(2억 1,000만 원), □□년(2억 5,000만 원), △△년 (2억 9,000만 원)

### 3. 금연 운동 시행 방안
1) 금연 동기 향상을 위한 인센티브 도입 및 페널티 제도 추진
- 금연 성공 시 축하금 ○○만 원 지원
- 금연 서약 이후 흡연 시, 페널티 적용
  (1회 적발 시: ○○만 원, 2회 적발 시: ○○만 원, 3회 적발 시: 3진 아웃 )

2) 회사 흡연 관련 문화 개선
- 회의 시 또는 면담 시 금연
- 흡연 없는 회식 문화
※ 임원들의 솔선수범이 필요

### 4. 추진 일정

이렇게 작성된 기획서를 보고 "빈틈이 없다"라고 반응하면 안 된다. 이 기획서는 빈틈이 너무 많다. 만약 상사라면 어떤 점들을 지적해야 할 것인가?

## 피라미드를 활용하여 귀신같이 문서 코칭하기

부하직원의 문서를 코칭할 때, 어디에 어떤 오류가 있는지 확인하려면 앞에서 학습한 피라미드를 적용하면 된다. 피라미드에 기반한 3단계 프로세스를 따르면 귀신 같은 문서 코칭이 가능하다. 앞의 기획서를 통해 살펴보자.

• 과제 유형을 확인하고 피라미드의 틀을 그린다.  기획형 문서이므로 피라미드는 해설형으로 그려낼 수 있다. 현황부터 제시되는 유형이므로, 원인과 실행안의 흐름으로 스토리라인을 잡을 수 있다.

• 문서 내용을 확인하여 피라미드의 빈 틀을 채워본다.  문서의 내용들로 피라미드의 빈칸을 채워보는 간단한 절차로 이 문서의 결함을 확인할 수 있다.
상사의 과제는 무엇인가? '어떻게 흡연 직원을 금연하게 할 것인가?'이다. 그렇다면 이 문서가 제시하는 답은 어떻게 써볼 수 있을까? 실행안을 요약해서 '인센티브와 패널티로 흡연 직원의 금연 동기를 높이고, 흡연 관련 문화를 개선하겠습니다'라고 정리할 수 있다.

• 이제 이 답에 대해 근거를 물어야 한다. 즉 왜 이런 방법으로 하는지, 이렇게 시행할 경우 정말 금연이 가능해지는지에 대한 확인이 필요하다. 그런데 눈을 씻고 봐도 앞의 문서에서 이런 내용이 보이지 않는다. 원인이 부재하고, 실행안의 논리적 근거가 없다.
동시에 현재 문서에서 현황으로 나온 내용들을 적으려 하니 내용이 적절치 않다. 문서에 기재된 현황의 세부 내용은 흡연자의 업무 능률이 떨어지고 흡연자와 관련하여 의료비 지출이 많다는 내용이다. 이 메시지를 정리해서 핵심 메시지로 요약해보니 "우리는 금연을 추진해야 한다!"라는 주장으로 이어진다. 안타까운 점은 이런 주장은 현황의 내용에 맞지 않다는 것이다. 굳이 쓰겠다면 이 내용은 이 기획안의 배경에 적절하다. 현황이라면, 현재 직원들의 흡연율이 어떻고, 어떤 추이를 보이고 있는지, 흡연율이 얼마나 높은지에 대한 자료를 제시하는 것이 적절하다.

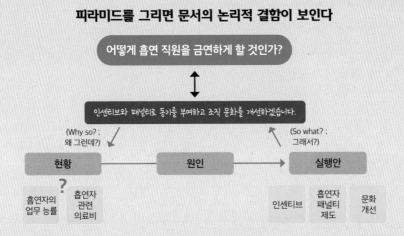

**피라미드를 그리면 문서의 논리적 결함이 보인다**

즉 앞의 문서는 원인이 부재하고, 현황의 내용이 부적절하다. 이처럼 피라미드의 틀에 따라 문서를 정리하는 것만으로도 문서의 논리적 결함을 쉽게 찾아낼 수 있다.


### 상사의 문서 코칭 프로세스

소크라테스는 산파술이라는 대화법을 통해 상대가 스스로 참 지식에 이르게 했다. 마찬가지로 상사 역시 소크라테스처럼 대화를 통해 부하직원 스스로가 문서의 결함을 인지하게 할 수 있다. 문서의 내용을 점검하기 위해 이런 방식으로 대화해보자.


• 상사의 과제는 뭘까(상사가 궁금한 것은 뭘까)?

　이것을 묻는 순간, 작성자가 하고 싶은 얘기에서 문서의 과제로 초점이 옮겨진다. 피라미드의 첫 번째 요소, 즉 질문의 공란을 채우려면 상사가 묻고 있는 것이 무엇인가에 대한 답을 쓸 수 있어야 한다.

## • 상사의 과제에 대해 한마디로 답을 한다면?

상사의 과제에 대한 작성자의 답은 무엇인지 확인하자. 문서의 내용을 제대로 준비했다면 작성자는 나름의 답을 제시할 수 있어야 한다. 또한 이 답은 과제에 대해 '동문서답이 아닌' 논리적으로 연결되는 답이어야 한다. 이를 통해 상사에게 보고할 수 있는 '한마디의 결론'이 준비된다. 답을 할 수 없다면 작성된 문서의 내용은 헛소리일 가능성이 크다.

## • 왜 그렇게 생각하지? 논리적 순서에 맞게 생각해보자

부하직원에게 '결론의 이유'를 확인하자. 그 결론의 이유가 타당한지 확인하자. 어떤 근거에 의해 결론을 뒷받침하고 있는가? 근거들은 결론을 충실하게 뒷받침해주고 있는지를 확인할 수 있어야 한다. 또한 근거들의 흐름이 논리적인지 확인하자. 근거의 스토리라인은 어색하지 않고, 흐름이 자연스러워야 한다. '현황 – 원인 – 실행안', 'As is – To be – How to' 등으로 항목을 논리적으로 자연스럽게 제시하는지 확인하자.

이런 질문의 흐름으로 문서에 대해 묻고 답을 확인하는 과정을 통해 부하직원 스스로 문서의 결함을 확인할 수 있다. 상사가 굳이 질책하지 않아도 자신의 수준을 알고, 고칠 포인트를 알게 된다. 또한 매번 상사가 문서에 대해 이런 질문들을 물어보는 것을 부하직원이 인식하고 준비하게 된다면 문서를 작성할 때 핵심 메시지 중심으로 문서를 준비하게 될 것이다. 즉 논리가 명확하고 흐름이 자연스러운 메시지에 관심을 갖고 준비할 수 있게 될 것이다.

들여쓰기가 맞는지, 글자체가 왜 이 모양인지, 왜 색상이 이런지에 대해 지적하기 전에 먼저 관심을 두어야 할 부분은 문서의 내용이 제대로 준비되었는지이다. 이러한 점검을 위해 피라미드를 함께 그리고, 함께 채워간다면 머지않아 상사의 마음에 드는 문서를 작성하는 부하직원들로 성장시킬 수 있을 것이다.

**Chapter**

**4**

# 한 페이지
# 문서 쓰기 :

# 핵심을 전달하는
# 기술로
# 프로처럼 써라

# 프로의 글쓰기: 전제부터 다르다

## 01

이전까지의 과정을 통해 쓸 내용을 준비하는 방법을 살펴보았다. 현장에서 상사들이 항상 요구하는 '핵심만 간결하게'의 관점에서 본다면, 앞의 과정(APAGE + 피라미드)을 통해 '핵심만'을 준비할 수 있었다. 그럼 이제부터는 '간결하게' 쓰는 방법을 알아보자.

## 표현 능력과 관련된 기본 전제

"이게 무슨 말이야! 한국말인데, 왜 이리 어려워? 간단하게 안 돼?"

현장에서 상사들이 계속 간결한 표현을 강조하지만, 실제로 그렇게 작성된 문서를 만나기는 쉽지 않다. 그러면 왜 간결한 문서를 쓰지 못하는가? 문장 작성의 중요한 전제를 이해하지 못하고 있기 때문이다.

이해하기 쉬운 문장을 쓰려면 세 가지의 전제를 기억해야 한다.

## 전제 1. 좋은 문장은 '보고 즉시 파악'되는 것이다

"한국말은 끝까지 듣지 않으면 안 된다"라는 말처럼, 우리는 일상 또는 업무 현장에서 말을 끝까지 들어야 한다는 것을 체감한다. 말은 귀로 듣기에 한 번에 파악이 쉽지 않고, 끝까지 잘 들어야 내용을 파악할 수 있다. 그렇기 때문에 연결어가 중요하고, 말의 맥락이 중요하고, 끝까지 듣는 것이 중요하다.

반면 문서는 눈으로 본다. 그러므로 보자마자 파악되는 것이 중요하다. '문서는 끝까지 봐야 한다'라는 생각을 가지고 문서를 작성한다면 바로 휴지통으로 가는 운명이 될 것이다. 보자마자 파악되지 않는 문서들의 예를 보자.

"20##년 5/8, 5/15, 5/25, 6/16, 8/24, 10/13, 10/20, 10/27에 진행되는 '핵심 가치' 교육을 위해 회사의 핵심 가치인 '열정', '도전', '최고의 고객 가치'에 관한 정의 및 인재상과 관련하여 CEO와의 토론을 진행하고자 합니다."

이 내용이 한눈에 들어오지 않는 이유는 말을 그대로 옮겨놓았기 때문이다. 주저리주저리 하는 말을 그대로 글로 옮겨 적어서 읽는 사람의 내용 파악이 쉽지 않다. 비즈니스 현장에서는 문서를 보자마자 화제의 개수, 핵심 메시지, 메시지의 층위(상위 메시지와 하위 메시지)가 파악되도록 작성해야 한다. 좋은 문장은 끝까지 기다리지 않고 보자마자 즉시 파악할 수 있어야 한다. 즉 문서는 보는 것이다.

## 전제 2. 좋은 문장은 독백이 아닌 대화다

문서를 작성할 때, 독백처럼 써 내려가는 문장은 읽기가 쉽지 않다. 왜 그럴까? 나는 말하고 있고, 상대는 잠잠히 듣고 있는 방식의 문장이기 때문이다. 예를 들어보자.

---

**1. 구체적인 개정 방향**

　가. 사전 감사

　　1) 최고 결재권자의 결재 사항 중

　　　- 예 · 결산의 변경과 연관되어 있는 것

　　　- 위험 자산의 관리와 연관되어 있는 것

　　　- 회사 자산의 매각 등 회사 재산 등에 직접적인 영향을 미치거나 미칠 우려가 있는 사항에 대해서는 사전 감사를 반드시 실시하여 정확성 및 공정성 등을 점검하고 최고 결재권자의 의사결정 신속화 도모 및 업무 부서의 감사 부담을 완화

---

이 문장에서 개정 방향을 알기 위해서는 끝까지 읽어야 한다. "개정 방향이 뭐지?"라고 묻는 상사에게 이 문장은 이렇게 말한다.

"뭘까요? 한번 끝까지 보시고 맞춰보시죠. 에이, 팀장인데 그 정도는 바로 아시겠죠?" 상대의 속을 뒤집는 메시지다. 내용을 찾기가 너무 힘들다. 상사는 부하직원의 문서를 공부하고 싶어 하지 않는다. 그냥 자신이 원하는 것만을 알고 싶어 한다.

상사가 당신의 문서를 쉽게 읽도록 하고 싶다면, 상사와 대화하듯이

문장을 쓰는 것이 좋다. 즉 나만 일방적으로 말하는 것이 아니라, 상사가 묻고 내가 답을 하는 구조로 문서를 작성하는 것이 좋다. 이러한 대화식의 문장을 쓸 수 있다면 상사는 내용을 쉽게 이해할 수 있고, 문장을 술술 읽어갈 수 있다.

앞의 문장을 다시 한번 살펴보자. 상사는 묻는다.

"개정 방향이 뭐니?"

그럼 문서는 답한다.

"예, 사전 감사를 필수로 실시하겠다는 것입니다."

"대상 항목은?"이라는 질문에 문서는 "예. 최고 결재권자 결재 사항 중 3개 항목입니다"라고 답한다. 그리고 "기대효과는?"이라는 질문에 문서는 "예. 이러이러한 것이 기대됩니다"와 같은 방식으로 문장을 써 내려가는 것이다. 이를 문장에 반영하면 다음과 같다.

---

**1. 구체적인 개정 방향**

　가. 사전 감사 필수 실시

　　1) 대상 항목(최고 결재권자의 결재 사항 중 3개항)

　　　⋮

　　2) 기대효과

　　　⋮

---

문장은 상대와의 '대화'다. 즉 상대가 묻고, 내가 답하는 것이다. 이것만 기억해도 문장에 대한 부담감은 많이 줄어든다.

### 전제 3. 좋은 표현의 기준은 상대의 입맛을 기억하는 것이다

문서 작성 시 좋은 표현의 기준은 상대에게 있다. 이것만 기억해도 문장이 바뀐다. 상대 입장에서 명쾌하게 이해되는 문서를 작성하기 위해 '상대방이 이해하기 편한 방식', '이해하기 편한 표현'을 고민하게 된다.

그렇다면 용어의 선택은 어떻게 해야 할까? 당연히 상대방이 이해할 수 있는 언어와 표현을 사용하게 된다. 전문용어와 약어에 대해서도, 상대방이 모를 것 같으면 당연히 주석을 달거나 설명을 별도로 하게 되는 친절함이 생기게 된다.

숫자 메시지를 전달할 때에도 상대방이 이해하는 데 더 편한 방식을 고민하게 된다. 표나 차트로 표현한다면, 어떤 부분을 어떻게 강조해야 할지 생각하게 된다.

또한 좋은 표현의 기준이 상대에게 있음을 고민하는 순간, '상대는 어떤 표현을 좋아하는지'에 대해 관심을 기울이게 된다. 상대가 어떤 표현을 자주 쓰는지, 또한 상대가 어떤 방식의 표현을 잘 이해하는지를 알기 위해 노력하게 된다. 이를 위해 상사의 문서를 살펴보고, 상사의 표현을 메모해둔다. 이런 작은 노력과 관점의 변화만으로 상대에게 훨씬 편한 문서가 될 수 있다. 메시지의 표현은 '잘 썼는가'가 아닌, '상대에게 잘 통하였느냐'로 평가되기 때문이다.

# 프로의 표현 방식

앞에서 살펴본 표현의 전제 사항들을 어떻게 적용해볼 수 있을까? 문서의 구조적 측면, 문장 구성, 숫자 메시지 전달이라는 세 가지로 정리해볼 수 있다.

### 프로의 문서는 '핵심으로 승부한다' ⇨ 두괄식 문서

상대방이 보자마자 문서의 핵심을 쉽게 알 수 있어야 한다. 이를 위해서 문서의 앞부분에 배치되는 제목과 목적 그리고 결론 메시지를 통해 핵심을 전달해야 한다. 또한 PPT로 만드는 장표라면 각 슬라이드의 핵심 메시지가 쉽게 전달될 수 있도록 헤드메시지를 활용한다. 그리고 각 장표 메시지를 논리적으로 구성해야 한다.

### 프로의 문서는 '보면 바로 이해된다' ⇨ 마이크로 피라미드와 대화식 문장

상대가 보자마자 내용을 바로 이해할 수 있는 문장으로 표현해야 한다. 시각적으로 내용의 구성 방식과 주요 사항을 쉽게 이해할 수 있는 방식을 활용한다. 또한 읽어가면서 내용을 바로 이해할 수 있는 단순하고 간결한 문장을 쓸 수 있어야 한다.

### 프로의 문서는 '숫자 이상의 것을 전달한다' ⇨ 표, 차트, 슬라이드의 기술

숫자 메시지를 통해 무엇을 전달하고 싶은지, 상대가 쉽게 이해할 수 있어야 한다. 작성자가 강조하는 사항과 내용이 효과적으로 전달되기 위해서는 메시지에 맞는 차트의 활용이 필요하다. 또한 표 하나를 만들 때에도 상대에게 전달할 메시지를 고민하고 효과적인 전달 방식을 사용하게 된다.

이제부터 두괄식 문서, 보면 이해되는 문장, 효과적 숫자 메시지 전달법을 익혀보자.

# 상대의 마음을 끄는 제목을 쓰는 법

## 02

"문서는 두괄식인가요? 미괄식인가요?"

이 질문을 던지면, 거의 모든 사람이 잠시의 머뭇거림 없이 "두괄식이요"라고 답한다. 문서를 받아보는 상대방의 시간을 아껴주고, 이해하기 쉽도록 문서의 앞부분에 핵심 내용을 전달하는 두괄식 구성이 필수라는 것을 대부분 알고 있다. 그렇다, 비즈니스 문서는 두괄식이다!

"그럼, 자신의 문서는 두괄식인가요?"

대부분 말이 없다.

"그러면 어떻게 두괄식을 쓸 수 있을까요?"

역시 말이 없다.

두괄식이 좋은 것은 알겠는데, 어떻게 해야 할지 뭐라 설명할 방법이 없는 것이 현장의 고민이다. 두괄식이 문서의 결론 메시지를 앞에 두는 방식이라면, 문서의 앞부분에 결론을 쓸 수 있어야 한다. 그런데 실제 현장에서 문서의 앞에 '결론'을 둘 수 있는 사람은 그리 많지 않다.

그렇다면 두괄식이지만 앞부분에 결론을 둘 수 없다는 이 딜레마를 어떻게 해결할 수 있을까? 이를 위해서 제목, 목적, 결론 메시지라는 이 세 가지 요소를 잘 이해하고 활용해야 한다. 먼저 제목부터 살펴보자.

## 상대가 쉽게 이해하는 제목의 원리

모든 문서는 제목으로부터 시작한다. 그렇기 때문에 문서를 받아보는 상사도 제목부터 읽는다. 따라서 제목을 잘 쓰면 상대방이 문서 내용을 파악하는 데 도움을 줄 수 있고, 문서 내용에 깊은 관심을 기울이게 할 수 있다. 이런 점에서 좋은 제목과 나쁜 제목을 구분할 수 있는 것은 중요하다. 다음 제목들을 보자. 좋은 제목인가, 나쁜 제목인가?

- CI research
- 지인 대출에 관한 건
- 회의 내용 보고
- 미팅 일정

대부분 많은 사람이 나쁜 제목이라고 생각할 것이다. 그렇다면 왜 나쁜 제목인가? 그리고 어떻게 바꿔야 할 것인가? 제목에 대한 세 가지만 기억하면 좋은 제목을 쓸 수 있다.

## 좋은 제목의 작성법 1. 상대방의 관심을 끌어야 한다

문서의 제목은 상대의 관심을 끌 수 있어야 한다. 그래서 섹시한 제목을 뽑아야 한다고 말한다. 왜 그럴까? 내가 보고하는 문서를 받는 상대의 입장을 생각해보면 명쾌해진다.

상대방이 '정돈된 책상'에서 '정리된 마음'으로 내 문서만을 '기다리고 있다'는 전제를 가지고 있다면, 100% 헛된 바람이다. 상대는 내 문서 이외에도 많은 문서에 둘러싸여 있다. 그리고 상대의 머리는 내 문서와 관련 없는 내용으로 지끈거리고 있을 가능성이 높다. 이러한 상대에게 내 문서의 내용이 관심을 끌기 위해서는 상대와 코드를 맞출 필요가 있다.

당신이 상사라면, 다음 기획안 중 어떤 제목을 볼 것인가?

① 교육 훈련 기획
② 밀레니얼 세대 특성을 반영한 ##년 대졸 신입 교육 훈련 기획

현장에서 상사가 관심을 둘 것은 아마 2번일 것이다. 특히 평상시 상사가 '고객 맞춤' 또는 '생각하는 업무'를 강조했다면 더욱 선호하게 될 것이다. 제목을 보는 순간 '담당자가 나름 고민하면서 썼군!'이라며 상사의 입맛에 맞추려고 노력했다고 생각할 가능성이 높다.

비슷한 사례를 한 번 더 보자. 직원이 출장을 다녀와서 출장 보고서를 올렸다. 당신은 어떤 제목의 보고서를 먼저 볼 것인가?

① 중국 출장 보고서

② [중국 출장보고] 중국 결제 시스템 개선 통한 하반기 영업 이익 향상 방안

상사 입장에서 2번의 문서가 눈에 띄게 될 확률이 높다. 상사의 관심사에 관련된 내용을 제목이 언급하고 있기 때문이다. 특히 상사가 영업 이익과 관련해서 고민을 하고 있다거나, 실적이 중요한 연말이라고 한다면 2번은 보자마자 눈에 불을 켜고 읽게 될 가능성이 높다. 만약 정말 보고서에 쓸 내용이 없어서 상사가 읽지 않았으면 좋겠다는 바람이 있다면 1번을 추천한다. 상사는 정말 시간이 많이 있을 때 읽을 것이고, 대부분의 경우는 읽지 않고 미뤄둘 가능성이 높기 때문이다.

동시에 제목에서 너무 과도하게 과장하는, 소위 '낚시'질은 주의해야 할 사항이다. 내용의 핵심과는 전혀 상관없는 제목을 달아도 안 된다. 상대는 전혀 다른 내용을 기대하고 문서를 보기 때문에, 문서 내용에서 실망하게 될 것이다. 기대가 컸던 만큼 실망과 분노는 더욱 커질 것이다.

## 좋은 제목의 작성법 2. 용건을 전달하자

비즈니스 현장에서 상대방은 많은 문서를 받는다. 이때 제목만으로도 구체적인 용건을 알게 할 수 있다면 모호하게 쓰는 것에 비해 더 많

은 관심을 받게 될 것이다. 내용을 열어보는 사람 입장에서는 내용이 모호해서 불확실한 것보다는 구체적으로 내용의 감을 잡을 수 있는 문서를 열어보는 것이 시간을 낭비할 위험을 줄일 수 있기 때문이다.

이렇게 제목에서 정보를 전달하고자 할 때 글머리와 결구는 유용한 공간이 될 수 있다.

예를 들어 다음과 같은 제목의 글을 쓴다고 해보자.

'[##년 신입 사원 입문 과정] 세부 일정 및 주요 변경 사항 보고'

상대는 우선 글머리 기호를 통해 이 내용이 신입사원 과정이라는 감을 잡을 수 있고, 그 이후의 내용을 통해 세부 일정과 주요 변경 사항이 담겨 있다는 것을 알 수 있다. 즉 두 가지 내용을 하나의 제목에 담을 수 있기 때문에 상대에게 더 많은 내용을 전달할 수 있다.

제목을 작성할 때, 특히 마지막 부분에 결구를 달아주는 방법도 좋다. 상대에게 '보고', '통지', '의뢰', '연락', '품의', '협의' 등의 내용을 달아주면 상대방은 자신이 요청받고 있는 사항을 쉽게 알 수 있다. 문서를 읽을 때 나에게 요청되는 것이 무엇인지 명쾌하게 이해할 수 있다면, 문서는 더욱 쉽게 읽힌다. 단순히 참조용인지, 또는 보고용인지만 알아도 문서의 우선순위와 핵심적인 사항이 결정되기 때문이다.

특히 기획서의 끝을 안(案)이라는 접미사로, 보고서의 끝을 '보고' '결과' 등의 명사형 결구로 정리해주면 문서의 성격이 더욱 명확해지고 상대가 이해하는 데 용이해진다.

이런 관점에서 앞에서 언급했던 제목들은 다음과 같이 고쳐보는 것이 좋다.

- CI research → [CI 변경 아이디어 공모 관련] 포커스 그룹 인터뷰(FGI) 및 설문 결과 보고
- 지인 대출에 관한 건 → [지인 대출 제도] 프로세스 검토 및 개선안
- 회의 내용 보고 → [##년도 사업 계획 3차 회의] 회의 결과 보고
- 미팅 일정 → [주요 바이어 A사 방한 관련] 미팅 일정 및 주요 어젠다 보고

## 좋은 제목의 작성법 3. 본질+범위로 작성하자

국어 실력이 좋지 않은 분들이 있다. 상대의 관심을 반영하고 용건을 전달하는 제목을 작성하는 것이 어려운 분들이 있다. 이런 경우라면 가장 쉽게 사용할 수 있는 것이 본질과 범위로 제목을 작성하는 방식이다.

- 본질이란, 보통 '~을 위한'에 해당한다. 현재 작성하는 문서가 어떤 목적을 위한 것인지 언급한다. 'Why'와 관련되는 내용이다.

- 범위란, 그 본질을 위해서 '무엇을 할 것인가'와 연결되며, 'What'에 해당하는 내용이다.

이런 방식을 활용하면 제목 작성이 수월해진다.

- 이번에 뭐할 거지(What)? → 시스템 운영을 개선할 것임
- 그거 왜 하지(Why)? → 안정적 서비스 오픈을 위해
- 기획서야 보고서야? → 기획서

  → 안정적 서비스 오픈을 위한 시스템 운영 개선안


- 이번에 뭐할 거지(What)? → 접점 인원 서비스 역량 향상
- 그거 왜 하지(Why)? → VOC 개선
- 기획서야 보고서야? → 기획서

  → VOC 개선을 위한 접점 인원 서비스 역량 향상 방안


- 이번에 뭐할 거지(What)? → 경쟁사 동향 보고
- 그거 왜 하지(Why)? → 영업 전략 수립
- 기획서야 보고서야? → 보고서

  → 영업 전략 수립 위한 경쟁사 동향 보고


앞에서 살폈던 살펴봤던 세 가지의 제목 작성법(관심, 용건, 본질+범위)을 알고 상사의 취향을 알고 있다면, 수준 높은 제목을 쉽게 작성할 수 있다.

# 명쾌한 목적과 결론

## 03

누구나 다 알고 있을 것 같은데, 실제로는 잘 모르는 것들이 있다. 대표적인 것이 목적이다. 다 알고 있을 것 같지만 제대로 알고 있는 사람들이 많지 않다. 때문에 많은 사람이 문서의 목적을 작성할 때 고심하고 고심한 후 다른 이야기를 쓴다. 안타까운 것은 목적에 헛소리를 써놓으면 문서를 읽는 사람이 헤매게 된다는 점이다. 목적의 기능을 알면 그 이유를 이해할 수 있다.

## 목적의 기능 1. 정보와 관심의 불균형을 해소한다

문서 작성자와 소비자(상사) 사이에는 두 가지 측면의 불균형이 존재한다. 바로 '관심'과 '사전 정보'의 불균형이다. 관심 측면에서 상대는 내가 보고하는 일에 대해 그리 관심이 없다. 작성하는 사람 입장에서야 자신의 일이 가장 중요한 관심의 대상이 될 것을 원한다. 하지만 상사의 직급이 높을수록 관심을 끄는 다른 이슈들이 많다. 따라서 작성자는 이것이 왜 중요한지, 어떤 의미가 있는지 상대에게 전달해야 하는데, 목적의 구성 요소 중 하나인 "Why we need to achieve it(왜 해야 하는가)?"에 그러한 기능이 있다. 이 부분을 통해 문서의 의미와 본질을 설명함으로써 상대의 관심을 끌어올릴 수 있다.

동시에 상대방은 내 문서에 대한 사전정보가 별로 없다. 나는 무엇을 말하는지 명쾌하게 알지만, 상대는 아예 감을 잡지 못하는 경우도 있다. 이를 위해 목적은 "What we need to achieve(무엇을 할 것인가)?"를 담아야 한다. 따라서 잘 작성된 목적을 읽으면 상대는 이 문서가 왜 중요하고, 무슨 내용인지 감을 잡을 수 있게 된다.

또한 상사가 시킨 일을 문서로 보고할 때에도 목적은 많은 정보를 전달한다. 상사는 What을 읽는 순간 '내가 시킨 일을 제대로 했군!'이라 생각하고, Why를 읽는 순간에 '본질을 알고 썼군!'이라는 생각을 할 수 있게 된다.

## 목적의 기능 2. 목적은 상대가 본문을 읽게 한다

작성자는 하고 싶은 말을 보통 본문에 쓴다. 그러나 문서의 검토자는 제목과 목적을 보고, 문서를 더 읽을지 여부를 결정하게 된다. 상대는 문서의 목적이 허접하면 본문을 읽지 않는다. 밤을 새워 써놓은 주옥 같은 본문이 읽히지도 않고 버려지는 것이다. 문서의 목적은 철저히 상대방을 위한 공간이다. 상대방이 문서 전체의 핵심을 쉽게 알아차리고 문서의 중요성을 공감할 수 있도록 하는 공간인 것이다.

상대가 본문을 읽어보지 않게 만드는 '나쁜 목적의 사례'를 살펴보자.

○○지역 재가 성인 중도 장애인을 발굴하고 ## 장애인 종합복지관 물리치료사가 ○○보건 센터로 연계하여 그룹 재활 운동을 실시함으로써 자가 운동법을 교육하고 장애인의 운동기능 향상과 장애인의 외부 활동 기회를 제공하고자 함

이 내용은 20페이지에 달하는 보고서의 목적 부분이다.
"이 보고서의 목적이 무엇인가요?"
대답이 쉽지 않다. 목적이 분명하지 않기 때문이다.
이렇게 목적이 명확하지 않으면, 20페이지의 문서는 쓰레기 취급을 받게 된다.

## 목적의 작성법

그렇다면 목적을 어떻게 쓸 것인가? 문서의 목적은 두 가지 내용, 즉 "무엇을 할 것인가(What we need to achieve)?"와 "왜 하는가(Why we need to achieve it)?"를 명확하게 담아내는 것이다.

이를 위해 기억할 순서가 있다.

## 목적의 내용을 정리하자

목적을 잘 쓰기 위해서는 먼저 '목적'을 생각해두어야 한다. 목적의 내용인 '무엇을 할 것인가(What)'와 '왜 할 것인가(Why)'를 정리해야 한다. 상사가 시킨 일이라면 What의 내용은 상사의 과제와 연결해서 정리하면 된다. Why의 내용은 상사의 의도와 연결해서 정리하며 된다.

반면, 상사가 시킨 일이 아니라 자신이 기안하는 경우는 어떻게 정리해야 할까? 예를 들어 인사팀 김 차장은 담배 연기와 냄새가 싫다. 그래서 금연 캠페인을 기획해서 올리려고 한다. 그렇다면 What은 어렵지 않게 '금연 캠페인'이라고 정리할 수 있다. 그럼 Why로 '담배 연기가 싫어서'라고 자신의 의도를 솔직하게 쓰면 될까? 그럴 경우 그 솔직함으로 인해 바로 버려지는 문서가 될 것이다. Why가 상사의 생각과 맞지 않기 때문이다.

이런 경우는 상사 또는 조직의 관심사와 연결해야 한다. 소비자의 Why를 건드려야 물건이 팔린다. 팔리는 기획서는 상대의 Why를 언급해줘야 배려가 있고, 생각이 있어 보인다. 즉 작성자인 나의 Why는 담배 연기가 싫은 것일 수 있다. 하지만 읽히는 기획서가 되려면 상대의 관심사에 맞춰 '직원 업무 집중도 향상과 건강한 회사 생활'이라는 문장으로 정리해야 한다.

## 추진 목적?, 검토 목적?, 제안 목적? 정체성을 밝혀라

다음의 사례는 현장에서 만나게 되는 흔한 문서의 한 장면이다. 무엇이 잘못되었을까?

제목: 신사업 추진 타당성 검토의 건

1. 목적 : 신사업 추진을 통한 시장 조기 선점

목적의 내용을 살펴보면 What은 신사업 추진이다. Why는 시장 조기 선점이다. 그렇다면 이 내용은 검토 목적인가, 아니면 추진 목적인가? 추진 목적이다! 그런데 우리는 검토 보고서를 쓰고 있기 때문에 우리가 써야 할 목적은 검토 목적이 되어야 한다.

현장에서 이런 일은 많이 일어난다. '목적'이라는 항목으로 정리할 때 검토 목적을 써야 할 자리에 자꾸 다른 목적을 쓴다. 이러한 실수를 하지 않으려면, 목적의 정체성을 명확히 하는 것이 도움이 된다. 목적으로 대신하지 말고, 검토 목적인지, 추진 목적인지 정체를 명확하게 하고 쓰라.

## 목적 작성의 패턴을 이해하자

이렇게 What과 Why를 정리했다면, 목적을 써 내려가는 패턴을 기억하자. 앞에서 언급한 김 차장의 사례에서 What은 '금연 캠페인 시행'이고, Why는 '직원 업무 집중도 향상과 건강한 회사 생활'이었다. 이 내용을 패턴에 적용해보자.

- A 유형: What을 통해 Why를 달성하고자 함

  예) 금연 캠페인의 전개를 통해 직원의 업무 집중도를 높이고 건강한 회사 생활을 지원하고자 함

- B 유형: Why를 위해 What을 하고자 함

  예) 직원의 업무 집중도를 높이고 건강한 회사 생활을 지원하기 위해, 금연 캠페인을 시행하고자 함

즉 What과 Why를 정리해 놓았다면, A 유형이나 B 유형을 통해 목적을 작성하면 된다. 달성의 대상과 달성의 이유 두 가지를 생각해두었다면, 목적을 쉽게 작성할 수 있다.

이러한 방식으로 앞에 나왔던 나쁜 사례를 점검해보자.

목적을 잘 쓰기 위해서는 먼저 '무엇을 할 것인가(What)?'와 '왜 하는가(Why)?'로 정리해야 한다.

- What: ## 장애인 복지관과 ○○보건 센터가 연계하여 그룹 재활 운동 실시
- Why: ○○지역 재가 성인 중도 장애인의 운동 기능 향상과 외부 활동 기회의 제공

이렇게 내용을 정리했다면, 보고서의 목적은 이렇게 작성할 수 있게 된다.

&lt;수정&gt;

○○지역 재가 성인 중도 장애인의 운동 기능을 향상시키고 외부 활동의 기회를

제공하기 위해 ## 장애인 복지관과 ○○보건 센터가 연계하여 그룹 재활 운동을

실시하고자 함

# 결론부터 얘기합시다!
# 핵심 메시지의 전달

## 04

제목과 목적을 잘 썼다면, 문서의 결론을 제시하는 것으로 두괄식을 완성할 수 있다. 그런데 많은 사람이 결론을 앞에 두는 것을 부담스러워한다. 왜 그럴까?

## '서론-본론-결론'
## 또는 '기-승-전-결'로 쓰는데 익숙하기 때문

문서는 두괄식이다. 이 점을 얘기하는 것은 쉽다. 그런데 이렇게 쓴 문서를 만나기는 쉽지 않다. 이런 유형의 대표적인 사례는 아마 이런 문서일 것이다.

*I.* ##시는 택시 활성화 종합 대책의 일환인 ○○○콜택시 호출 사업에 택시

요금 카드 결제기 장착을 사업자 지정 조건으로 명시하였습니다. 이에 따라 ##시

○○○콜택시는 카드 결제 단말기 장착이 의무화되어 당사는 ○○○콜택

시 사업자에 대한 사업 지원이 필요합니다.

여기까지 읽는다면, 어떤 내용을 전달하기 위한 문서로 파악되는가? 대부분의 경우는 '단말기 장착'이나 '사업 지원' 정도로 문서의 핵심을 파악할 것이다. 그런데 이 문서는 맨 뒤의 내용을 읽고 나서야 핵심을 파악할 수 있다.

*4.* 이와 관련하여, ##시 ○○○콜택시 호출 사업자로 지정된 모집 기간 중에,

카드 택시 가맹점 모집을 아래와 같이 품의 드리오니 검토 후 재가바랍니다.

이 문서는 카드 택시 가맹점 모집 품의다. 안타까운 것은 문서의 1~3번까지 제시된 내용을 읽을 때까지는 이런 핵심을 전혀 파악할 수 없다는 것이다.

대부분 현장의 문서 작성자들은 결론을 먼저 제시하기보다는 '서론 – 본론 – 결론'으로 내용을 전개하는 데 익숙하다. 메시지의 도입을 서론에서 얘기하고, 주요 사항을 본론에서 전달하고, 이에 따른 핵심 사항(요청, 요약, 중심 메시지)을 뒤에서 제시하길 원한다. 하지만 이러한 구성으로 인해 작성자 자신이 보기에는 명쾌한 내용이 상사 입장에서는 전혀 감을 잡을 수 없는 이야기가 되기도 한다.

## 문서의 결론이 무엇인지 몰라서

결론을 앞에 제시하지 못하는 이유는 스스로 결론이 무엇인지 알지 못해서인 경우도 많다. 예를 들어 다음에 제시한 한 기관의 행사 보고서 목차를 보자.

1. 목적
2. 행사 개요
3. 참가자 명단
4. 행사 진행 사항
5. 결과

안타까운 것은 이 행사 참가자가 70명이었는데, 페이지 하단부터 4페이지까지 참가자의 명단만 나온다는 점이다. 또한 결과라고 준비된 내용은 단 두 줄뿐이었다. 이러한 문서는 결론이 없는 문서다. 상대에게 말하고 싶은 메시지가 전혀 없이, 단지 상사가 시켜서 작성한 문서일 가능성이 크다.

이 문서의 결론은 무엇일까? 아마도 행사의 결과, 만족도, 추후 개선 사항, 진행 방향 등이 제시되어야 하지 않을까? 그래야 추후 진행자는 이러한 내용을 참조해서 더 나은 행사를 계획할 수 있지 않을까? 현장에서 상사들이 '종이 낭비'로 인식하는 문서들이 이런 유형의 문서라고 할 수 있다.

# 결론이 무엇인지 제대로 알아라

결론이란, '주어진 과제'에 대한 '답변의 요약'이라고 정의할 수 있다. '자신이 하고 싶은 말의 요약'이 아니라 문서의 소비자(상사)가 묻고 있는 과제에 대한 답변의 요약이다. 이 부분은 앞에서 설명한 바와 같다.

그렇다면 문서의 결론을 도출하기 위해 질문해야 하는 것은 '상사가 궁금해하고 있는 사항'이다. 예를 들어 생각해보자. 한 기획서의 제목이 '## 카드사, 출장비 관리 지침 개선안'이었다. 이러한 개선안을 받아보는 상사가 궁금해하는 사항은 뭘까? 가장 궁금한 것은 '무엇이 바뀌는지?'와 '어떻게 바뀌는지?'일 것이다. 따라서 이 문서는 가장 앞부분에 변경되는 사항의 요약이 들어가는 것이 좋다.

다른 예로 '##시 마케팅 행사 결과 보고'가 있었다. 그렇다면 상사의 궁금한 사항은 '마케팅 행사 성과는 무엇인가?'일 것이다. 이런 점이라면, 당연히 문서의 가장 앞부분에 '성과 요약'이 나올 필요가 있다. 왜냐하면 이게 문서의 결론적 메시지이기 때문이다.

이런 결론을 제시하는 방법으로는 세 가지의 패턴을 이해하면 좋다.

## 결론 제시 방법 1. 대괄호를 활용하는 법

가장 보편적으로 활용할 수 있는 방법은 대괄호로 별도의 공간을 만들어 활용하는 방법이다. 제목 밑에 대괄호의 공간을 별도로 준비해서 메시지를 전달해보자.

**'○○년 임직원 혁신제안 운영 개선안(案)**

20##.##.##
○○팀

혁신 제안 아이디어 품질 제고 및 현업 실행력 강화를 위해 제안 방식 변경, 실질적인 포상, 협의체 운영 등 현행 제도를 개선하여 임직원 혁신 제안의 효율적인 운영을 꾀함

**1. '△△년 운영 현황**

　□ △△년 1~12월 기접수, ○○○건 채택(검토 중 ○○건, 기각 ○○건)

　□ 성과 분석 및 시사점 도출

이 문서에 대해 상사가 묻는 사항은 어떤 것일까? 아마 "왜 개선하나?", "어떻게 하나?"라는 두 가지 질문일 것이다. 이에 대해 대괄호의 메시지는 간결하게 답을 준다.

• 왜 개선하나? → 혁신 제안 아이디어의 품질을 높이고 현업 실행력을 강화

• 어떻게 하나? → 제안 방식을 변경, 실질적 포상, 협의체 운영

즉 상대방이 묻고 있는 사항에 대해 대괄호만 읽어도 될 수 있도록 제시하는 방안이다.

앞에서 언급했던 피라미드 구조와 연계한다면, 피라미드의 질문은 문서의 제목으로 표현하고, 피라미드의 결론 메시지는 대괄호 안에 정리해서 배치하게 된다.

## 결론 제시 방법 2. 개요를 활용하는 법

조직 문화가 문서 양식에 대해 보수적이라서 대괄호를 쓸 수 없다면, 별도의 항목을 통해 문서의 핵심 메시지를 전달하는 것이 좋다. 가장 보편적인 것은 '개요'의 형식이다. 안타까운 것은 현장의 많은 문서가 개요라는 항목에 전혀 무의미한 내용만 넣는 경우가 많다는 것이다. 예를 들어, 일반적인 출장 결과 보고서의 '개요' 항목을 살펴보자.

---

### ○○시장 출장 보고서

**1. 출장 개요**
- 출장 목적 : ○○시장 신규 거래처 확보 및 ##사 클레임 해결
- 출장 지역 : □□시, □□시
- 출장 인원 : ○○○, ○○○
- 출장 일정 : ##~##
- 소요 예산 :
- 미팅 업체 :

---

출장 개요의 내용을 살펴보면 보고서를 받는 상사 입장에서 궁금한 것은 전혀 없다. 이 내용은 출장 품의를 결재해줄 때 이미 받았고, 알고 있는 사항이다. 그런데 상사는 출장을 다녀온 결과가 궁금하다. 현장에서 '개요'라는 항목은 이처럼 무의미하게 영양가 없이 활용되는 경우가 많다. 상사가 출장을 다녀온 결과가 궁금하다면, 출장 보고서 개요에 아예 '출장 결과 및 주요 이슈'라는 항목을 넣는 것은 어떨까?

상사가 가장 궁금한 출장의 결과와 추후에 어떤 것이 중요한 이슈인지, 어떻게 할 것인지 문서의 앞에서 바로 알 수 있도록 할 필요가 있다.

만약 개요를 써넣기 적절하지 않다면 별도의 목차를 통해 핵심을 제시하는 것도 좋다.

'정보형 문서'라면 핵심 메시지는 정보의 요약이다. 행사 결과 보고서면 결과 요약, 상황 보고서면 상황 요약이 핵심이다. 따라서 문서 앞부분에 '주요 핵심 사항' 또는 '정보 요약'이라는 항목을 두어 문서의 핵심을 전달해주면 좋다.

만약 '기획형 문서'라면, 상사의 질문은 '어떻게 할 거야?'이기 때문에 이때는 실행안을 '주요 추진 방향' 또는 '주요 개선 방안'이라는 항목으로 요약해서 앞에 제시하는 형태가 좋다.

대괄호, 개요, 별도의 항목으로 핵심 메시지를 전달한다면 상대는 문서를 보자마자 전체의 핵심을 이해할 수 있게 된다.

## 프로다운 두괄식 문서

두괄식 문서는 핵심이 앞에 제시되는 것이다. 즉 결론 메시지를 먼저 써주는 것이다. 그리고 이런 두괄식을 잘 쓰기 위해, 우리는 앞에서 세 가지 요소를 살펴보았다.

· 제목을 잘 써라! 세 가지의 제목 작성법을 활용하자.

- **목적을 잘 써라!** 작성하고자 하는 목적에 맞는 What과 Why를 생각하고, 패턴을 활용하여 작성하자.

- **결론을 잘 써라!** 상대의 질문을 먼저 생각하고, 질문에 대한 답을 먼저 제시하라. 회사의 상황에 맞는 방식으로 핵심 메시지를 제시하되, 상대가 보자마자 결과를 알 수 있게 하자.

# '척!' 보면 '탁!'
# 이해되는 문장 구성의 4가지 기술

"살아 있는 문장, 이런 거 안 돼?"

좋은 표현을 얘기하며 이런 요구하는 상사가 있다. 물론 살아 있고, 아름다운 문장은 좋은 문장이다. 단, 소설을 쓰거나 시를 쓰거나 에세이를 쓸 때 좋은 문장이다. 학창 시절에 시, 소설, 수필을 배워온 우리의 머릿속에는 이런 문장들이 좋은 문장이고, 작가의 소질이 없는 일반인들에게 이런 문장은 가까이 하기에는 너무 먼 당신이다.

우리는 업무 현장에서 일을 한다. 우리의 문서에 쓰는 문장은 상대에게 감동을 주기 위한 것이 아니다. 우리는 정확하고 효과적으로 메시지를 전달하고 상대가 이해할 수 있게 하면 된다. 즉 척 보면 탁 이해되는 그런 문장이 좋은 문장이다. 물론 아름답게 쓸 수 있다면 좋지만, 꼭 아름다울 필요는 없다.

그런 점에서 현장의 안타까운 문장 하나를 살펴보자. 다음 내용을 보고, 질문에 답을 해보자.

---

## 1. 성과관리 시스템 구축 기본 방향

**□ 개요**

○ 외부환경 변화에 능동적으로 대처하고, 지속 가능한 조직으로서의 역량을 구축하기 위해 인적 역량 강화와 프로세스 개선을 통하여 고객만족을 실현하고 궁극적으로는 재무 성과 극대화를 달성

○ 공정하고 객관적인 평가가 이루어질 수 있는 체계적이고 고도화된 평가 시스템을 구축함으로써 조직에 큰 기여를 한 조직과 구성원들에게 보다 많은 인센티브 혜택이 부여될 수 있도록 함

○ 평가자의 지시와 명령에 의하여 업무가 이루어지는 수동적인 조직 문화가 아니라 조직 구성원 스스로가 목표를 수립·관리하며, 그 결과를 각자가 평가할 수 있는 자율적인 성과 마인드를 구축하도록 함

**□ 기존 체계와의 연계**

○ 성과평가 및 인사고과의 근거 규정이 되었던 인사고과 요령을 폐지하고 목표 대비실적평가(MBO), 성과관리위원회 구성 등의 내용이 추가된 성과평가 요령(가칭)을 제정하여 운영

---

이 문장을 보면 나름 괜찮게 쓴 것 같다. 그러면 이제 질문이다.

"이 문서가 말하는 성과관리 시스템 구축의 기본 방향은 무엇일까?"

갑자기 난감해진다. 분명 읽었는데 기본 방향이 생각나지 않는다. 더 놀라운 것은 다시 봐도 잘 모르겠다는 것이다. 정확하고 효과적으로 메시지를 전달해야 한다는 관점에서 본다면, 이 문장은 좋은 문장이 아니다.

# 한눈에 보이게 문장을 쓰는 법

문서로 전달되는 문장은 작성자와 완전히 분리되어 전달된다. 따라서 상대가 오해하거나 오독할 여지가 많다. 이것이 문서를 둘러싼 비극의 원인이다. 작성자는 분명 'A'라고 문서를 작성했는데, 상대방은 "그러니까 'B'라고 썼군"이라고 오해한다. 이 경우 문서는 오히려 업무의 진행을 방해하는 걸림돌이 된다. 따라서 작성자는 상대방이 메시지를 '오독'하거나 '오해'하지 않도록 명쾌한 메시지를 써야 한다.

이러한 점에서 정확하고 효과적으로 메시지를 전달하기 위해서 문장을 써나갈 때 글을 풀어 써 내려가는 서술식보다는 앞에 번호나 기호를 붙여서 요점 중심으로 전달하는 개조식이 적절하다. 잘 작성된 개조식의 경우에는 보자마자 단락의 핵심 메시지를 파악할 수 있다. 그리고 메시지의 개수와 위계(상위 메시지, 하위 메시지)를 파악할 수 있다.

명확한 개조식 작성을 위해 적용하는 기본이 되는 네 가지의 적용 방식이 있다. 계층형 제목 붙이기, 번호 붙이기, 포인트 표시하기, 들여쓰기가 바로 그것이다.

회사 생활을 3개월만 해도, 이러한 원칙이 어떤 것을 의미하는지 대부분 이해할 수 있다. 그런데 안타까운 것은 대부분 문서 작성 시 이런 원칙을 사용함에도 불구하고 명쾌한 메시지를 써내는 사람은 얼마 되지 않는다는 것이다. 효과가 나지 않는 이유는 각각의 원칙이 지니고 있는 기능을 제대로 활용하지 못하고 있기 때문이다. 또한 이러한 원칙을 살리기 위한 방법을 간과하기 때문이다. 실제로 앞에서 사례로 설명한 성과관리 시스템의 문장 역시 개조식의 형태이지만, 내용 파악이 어렵다. 상대방이 명쾌하게 이해할 수 있게 하려면 각 원칙의 기능과 방법을 확실하게 이해하고 적용해야 한다.

## 계층형 제목: 전체 메시지의 파악을 돕는다

계층형 제목이란, 문서의 각 계층마다 제목을 붙이는 것을 의미한다. 계층형 제목을 붙이면 상대는 전체 메시지의 내용을 쉽게 이해할 수 있다. 계층형 제목은 두 가지의 기능을 갖고 있기 때문이다.

### 화제의 개수 전달

계층형 제목은 상대에게 화제의 개수를 전달한다. 즉 상대방이 보면 작성자가 전달하려는 내용이 몇 개인지 일일이 세지 않아도 한눈에 파악할 수 있다.

### 주요 메시지의 전달

계층형 제목을 읽는 것만으로 상대방은 주요 메시지를 파악할 수 있다. 계층형 제목은 작성자가 문서에서 전달하고 싶은 메시지가 어떤 내용인지 담고 있기 때문이다. 물론 이러한 기능을 제대로 수행하려면 계층형 제목은 내용을 구체적으로 표현할 수 있어야 한다.

이러한 기능의 의미는 현장에서 작성된 다음의 보고서를 통해 더욱 명확하게 이해할 수 있을 것이다.

원인은 단순 사용 조작 미숙으로 판단되며, 조치로서 올바른 사용법과 재발 방지를 위한 사용 설명서를 전달하였고 향후에는 잘 읽어보고 사용하시라는 부탁과 함께 A/S 도착 지연에 대해 정중하게 사과드렸고, 향후 더 나은 서비스를 약속하고 방문 업무를 완료하였습니다.

만약 상사가 이런 보고서를 받았다고 가정해보자. 상사는 내용을 다 읽고도 이게 무슨 내용인지 감을 잡을 수 없을 것이다. 꼼꼼히 읽어봐야 하지만, 상사 입장에서는 꼼꼼히 읽어보고 싶은 마음도 들지 않는다.

이런 경우 계층형 제목만 붙여도 내용이 한결 쉽게 파악된다.

1. 고장 원인 및 주요 조치 사항(조치 완료)
원인은 단순 사용 조작 미숙으로 판단되며, 조치로서 올바른 사용법과 재발 방지를 위한 사용 설명서를 전달했고, 향후에는 잘 읽어보고 사용하라는 당부 전달

2. 특이 사항: 도착 지연 관련 사과
A/S 도착 지연에 대해 정중하게 사과드렸고, 향후 더 나은 서비스를 약속하고 방문 업무를 완료

상사는 보자마자, 화제는 크게 두 가지인 것과 조치가 완료되었다는

주요 메시지를 쉽게 이해할 수 있게 된다.


## 번호 붙이기: 단락의 파악을 돕는다

번호 붙이기란, 각 단락의 내용을 번호 체계를 통해 정리하는 것을 말한다. 단락 안에 있는 주요 내용에 번호를 부여하고, 항목화하는 방식이다. 이러한 방식을 사용하면 서술형으로 길게 작성되어 있는 메시지가 한눈에 들어오도록 바뀌게 된다. 번호 붙이기의 효과적인 기능을 위해 세 가지를 유의할 필요가 있다.

### 짧게 써라

현장 문서를 검토하다 보면, 번호를 붙여놓고 5줄 정도 계속 써 내려가는 경우를 보게 된다. 게다가 5줄 전체가 한 문장일 때에는 '소설'을 읽고 있는 느낌이 들기도 한다. 문장이 2줄을 넘어가면 이해도가 떨어진다. 때문에 가급적 한 줄 안에 표현하라. 아무리 길어도 2줄은 넘지 말자. 만약 3줄 이상으로 써야 한다면, 차라리 다른 번호를 부여해서 별도로 정리하라. 그래야 상대가 이해하기 쉽다.

### 키워드를 적극 활용하자

각 문장의 앞부분에 키워드를 부여하면 상대의 이해를 돕는다. 상대는 문장 전체를 읽지 않아도 키워드를 통해 쉽게 핵심을 파악할 수 있다.

예를 들어 다음과 같은 보고서를 보자.


가. 주요 의견

1) 본 제도를 시행할 수 있는 재정적 여건이 여의치 않은 것으로 파악됨. 기존 재원 계획 대비 20%의 자금이 추가적으로 필요할 것으로 판단됨

2) 본 제도의 시행이 당사의 문화와는 맞지 않을 것이라는 의견이 많이 있음. 남성이 80% 이상이었던 A기업에서는 성공적인 결과가 나올 수 있으나, 90% 이상이 여성인 당사에는 적절치 않은 것으로 평가됨


이런 경우 상대방이 내용을 파악하려면 마지막까지 읽은 후에야 가능하다. 즉 1번을 읽고 제도 시행의 재정적 문제가 있다는 것을 파악할 수 있고, 2번을 읽고 제도 시행과 문화의 부적합성을 파악할 수 있다. 반면, 번호 붙이기의 키워드를 통해 다음과 같은 정리와 핵심 전달이 가능하다.


가. 제도 시행 관련 주요 문제점(재정 측면과 기업 문화 측면 )

1) 재정 부족: 본 제도 시행 관련 20%의 추가 자금이 소요될 것으로 판단

2) 여성 중심의 기업 문화에 부적합: 본 제도는 남성 중심의 기업에서만 성공 가능


키워드를 적극 활용하여 앞에 제시된 사례에 비해, 훨씬 쉽게 핵심 요소를 파악할 수 있다.

## 번호 체계를 지켜라

단순한 것 같지만, 현장에서 의외로 지켜지지 않는 것이 번호 체계다. 이 단순한 번호 체계를 잘 지키면 상대에게 내용의 상위 – 하위 체계를 한눈에 볼 수 있기 때문에 번호 체계는 제대로 지킬 필요가 있다. 현장 사례 중 한 모습이다.


*1) 출장 주요 특이 사항*

　*1. 바이어 K사 상황*


이런 모습은 읽는 사람을 당황하게 만들 수 있다. 번호 체계상으로는 1. 바이어 K사의 상황이 상위 내용인 것 같은데, 들여쓰기 상으로는 1) 출장 주요 특이 사항이 상위 내용으로 보이기 때문이다.

번호체계는 기본 유형만 알고 있으면 적용하기 쉽다. 특히 도형을 활용한 기호 체계는 한 페이지 문서의 경우에 주로 활용을 하며, 두 페이지가 넘어가는 경우는 효과가 많이 떨어진다.


---

• 일반적으로 많이 쓰이는 번호 체계: Ⅰ, 1, 1), (1), ①, -

• 도형을 활용한 기호 체계: □, ○, -, ·

---

## 포인트 표시: 핵심의 파악을 돕는다

작성자는 말하고자 하는 바의 핵심을 잘 알고 있다. 문제는 읽는 사람은 문서의 핵심을 알지 못한다는 것이다. 따라서 꼼꼼히 읽어봐야 한다. 게다가 문서의 핵심을 잘못 이해하면, 작성자의 의도와는 다른 것을 중심으로 파악하게 된다. 따라서 상사가 기억해야 할 문서의 핵심사항을 작성자가 먼저 정리해 줄 필요가 있다.

포인트를 표시할 때 기억할 사항은 '과유불급'으로 표현할 수 있다.

### 과유불급 1. 너무 많은 내용을 강조하지 마라

너무 많은 것을 강조하면, 오히려 아무것도 기억에 남지 않는다. 한 페이지로 쓴다면 5개 이내가 적당하다.

### 과유불급 2. 너무 오버해서 표현하지 마라

강조의 방법은 비교적 두 가지 이내의 방법으로 통일하는 게 좋다. 강조하는 방법은 밑줄, 글자 색 변경, 글자 크기, 글자체(다른 글자체의 활용 / 기울임체), 별도의 기호를 활용하는 표시 등이 있다. 또는 한자(漢字)를 써서 강조하는 방법이나 글자에 볼드체(굵고 진하게 만들어주는) 효과를 주는 것도 있다.

특히 상사가 자신의 상사에게 어떻게 강조해서 표시하고 있는가를 유심히 볼 필요가 있다. 그리고 그 방법으로 문서의 핵심을 강조해 보자. 상사가 본인의 상사에게 문서를 전달할 때 별도로 손을 보지 않아도 되기 때문에 상사가 편하게 느낄 수 있다.

## 들여쓰기: 시각적 효과를 높인다

들여쓰기를 통해 문서의 내용 정리에 시각적 효과를 줄 수 있다면, 상대가 한 눈에 파악할 수 있는 문서가 될 수 있다. 메시지의 상·하위 관계가 명확하게 보이기 때문이다.

### 들여쓰기의 방식

상위 내용에 대해 하위 내용을 들여쓸 때, 그 공간을 한 칸 또는 두 칸으로 규정해 말하기는 어렵다. 문서의 내용과 그 양에 따라서 적절한 시각적 폭이 달라지기 때문이다.

대부분 하위로 문서의 체계가 내려갈 때마다 (예를 들면, 1→1)) 한 칸씩 들여 쓰라고는 하지만 만약 문서의 전체 체계가 '1과 1'이라는 두 단계로만 정리가 가능하다면, 오히려 두 칸을 들여 쓰는 게 더 보기 좋다. 따라서 원칙은 한 칸, 하지만 시각적 효과를 위해 두 칸 또는 세 칸도 가능하다는 것을 기억하자.

# 문서 편집을 위한 서식 지침

문서의 서식과 관련해서는 지침이 아예 없는 조직이 많다. 또 같은 회사 내에서도 부서별로도 다르다. 대기업과 공공기관의 대표적인 조직들의 서식 지침들을 정리해보았다. 참고해서 회사 현장에 맞게 사용해보자.

| | 국내 대기업 사례 | 공공기관 사례 |
| --- | --- | --- |
| 여백(아래/위) | 25mm 유지 | 15mm |
| 여백(좌/우) | | 20mm |
| 제목 | 한자 활용, 크기 23, 글자 진하게 | 헤드라인 M, 22 |
| 본문 | 바탕체, 16.5 | 휴먼 명조 15P(필요 시 변경 가능) |
| 줄 사이 간격 | 12 또는 10 / 일관되게 | 130% 기본, 필요 시 조정 |
| 단락 사이 간격 | 24, 16, 12, 6포인트 Level 별 일관되게 사용 | 임의 설정 |
| 기호 체계(번호) | | I, 1, 1, ①, -, • |
| 기호 체계(도형) | | □, ○, -, • |

# 가독성이 좋은 명품 문장 구성법: 마이크로 피라미드의 활용

## 06

앞에서 살펴본 네 가지의 원칙을 제대로 활용한다는 것은 어떤 의미일까? 현장의 사례들을 통해 익혀보자.

## 상대가 이해하기 힘든 현장의 문장 사례

### 1) 현상 및 문제점
- 선미 Pump room에 설치되어 있는 Plate form과 격벽 사이에 gap이 발생됨
- 발생된 Gap으로 실족 우려가 있다는 주문주의 지적으로 메공을 해야 함
- 메공 방법은 앵글을 볼트로 고정해야 하나, 볼트 구멍의 높이가 바닥에서 100mm여서 어려움이 있음

### 2) 개선 내용
- 바닥에서 100mm 높이에 M12 × 30L Bolt Hole 55개를 시공해야 함
- 드릴을 이용하여 Hole을 시공하는데 JIG 제작으로 작업 난이도 해결

**3) 개선 효과**
 - 개선 전: 2명 × 55EA × 1H(홀 1개 시공 시간) = 110 H
 - 개선 후:
   · JIG 제작비용: 4H
   · JIG 사용 작업 시: 1명 × 55EA × 0.3H(홀 1개 시공 시간) = 16 H
   · 110 H - 16 H - 4 H = 90H 절감 효과
     → 90 H × 20,000원 = 1,800,000 절감

'1) 현상과 문제점'에 제시된 내용을 읽고, 현상과 문제점이 무엇인지 한눈에 파악이 가능한가? 2)의 내용을 읽고 바로 '개선 내용'이 무엇인지 알 수 있는가? 3)을 읽고 개선 효과가 뭔지, 왜 어떻게 그렇게 나왔는지 알 수 있는가?

분명 계층별 제목과 번호, 포인트와 들여쓰기를 다 사용했음에도 내용의 이해가 쉽지 않다. 왜 이런 현상이 생기는가? 그 이유는 네 가지 원칙을 표면적으로만 적용만 하고 있기 때문이다.

## 상대가 이해하는 문장을 만드는 법: 대화식 문장과 마이크로 피라미드의 활용

상대가 이해하는 문장을 만들기 위해서는 앞에서 말한 네 가지 원칙의 기능을 실제적으로 활용할 수 있어야 한다. 이것을 위해 앞에서 언급한 '대화식의 문장 구성'과 피라미드 구조를 활용해보자. 마이크로 피라미드를 통해 문장을 구성하는 원리는 다음과 같다.

**1원리** 상대가 묻는 질문에 대해 문장으로 답을 제시한다.

**2원리** 답에 대해 이어지는 질문의 경우 세로 방향으로 피라미드를 확장한다.

**3원리** 답과 전혀 별개의 질문이 제기되는 경우 가로 방향으로 피라미드를 확장한다.

---

**1) 현상 및 문제점**
- 선미 Pump room에 설치되어 있는 Plate form과 격벽 사이에 gap이 발생됨
- 발생된 Gap으로 실족 우려가 있다는 주문주의 지적으로 메공을 해야 함
- 메공 방법은 앵글을 볼트로 고정해야 하나, 볼트 구멍의 높이가 바닥에서 100mm여서 어려움이 있음

---

이 단락에 대한 상사의 질문은 "현상은 뭐야?", 그리고 "문제점은 뭐야"의 두 가지다.

"현상은 뭐야?"에 대한 답변은 'gap 발생으로 인한 실족 우려'를 말할 수 있다. 상사는 이에 대해 다시 묻는다. "어떻게 된 건데?" 이에 대한 답은 "선미 Pump room과 격벽 사이에 gap이 있어서, 주문주가 메공해줄 것을 요청한 상황입니다"로 말할 수 있다.

"문제점은 뭐야?"라는 질문에 대한 답은 "보수 작업이 어렵습니다"는 것이다. 상사는 다시 묻는다. "왜 그런데?" 이에 대한 답은 "볼트 구멍의 높이가 바닥에 너무 좁게 있어서 앵글을 볼트로 고정하기 어렵습니다"이다. 이것을 피라미드로 정리하면 다음과 같다.

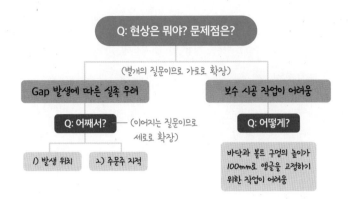

현상과 문제점에 대한 질문은 별개의 질문이므로 가로로 확장되었다. 실족 우려에 대해 "어떻게 된건데?"라는 질문은 세로로 확장되었다. 이렇게 가로로 확장되면 계층형 제목의 위계를 동등하게 만들 수 있다. 세로로 확장되면 하단의 내용으로 작성할 수 있다.

이 구조를 문장으로 정리해보면 단락은 이렇게 바뀐다.

> **1) 현상 및 문제점**
>   ① 현상: gap 발생으로 실족 우려
>     - 위치: 선미 Pump room 에 설치되어 있는 Plate form과 격벽 사이
>     - gap의 메공 관련한 주문주의 지적
>   ② 문제점: 시공 작업의 어려움
>     - 바닥과 볼트 구멍의 높이가 100mm로, 앵글을 고정하기 위한 작업이 어려움

상사는 보는 순간 현상과 문제점이 무엇인지 이해할 수 있다. 그리고 각각의 내용에 대해 세부적인 내용을 바로 파악할 수 있다.

## 현장 문서 문장 변경(Before and After)

앞에서 살펴본 방식에 따라, 각각의 내용을 피라미드 구조로 변경해보자. 2번의 내용이다.

> **2) 개선 내용**
> - 바닥에서 100mm 높이에 M12×30L Bolt Hole 55개를 시공해야 함
> - 드릴을 이용하여 Hole을 시공하는데 JIG 제작으로 작업 난이도 해결

이 단락에서 상사의 질문은 "개선 내용이 뭐냐?"라고 생각해볼 수 있다. 답은 뭘까? 'JIG 제작'이다. 그렇다면 이어지는 질문을 뭘까? 앞의 답에 연계해 "작업 내용은 뭔데?"라고 생각할 수 있다.

이에 대한 답을 정리해서 피라미드를 완성하면 다음과 같이 정리할 수 있다.

**2) 개선 내용: JIG 제작 통한 난이도 해결**

  ① Hole 시공 작업을 위한 JIG 제작

  ② 대상 작업 내용: Hole 시공( 55EA /

    M12 × 30L)

마찬가지로 3번의 내용 역시, 피라미드로 정리해볼 수 있다. 가장 먼저 떠올릴 내용은 무엇인가? 바로 상사의 질문이다. 상사의 질문은 무엇인가? 바로 "개선 효과는?"이다. 이 내용은 다음과 같은 피라미드로 정리할 수 있다.

**3) 개선 효과: 작업 시간 90시간 단축에 따른 180만 원**

  ① 개선 전: 110 시간 소요

    - 2명 × 55EA × 1H = 110H

  ② 개선 후: 20 시간 소요

    - JIG 제작: 4H

    - JIG 사용 시: 1명 × 55EA × 0.3H = 16H

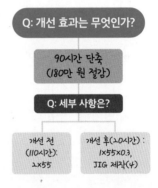

이런 방식으로 정리할 경우, 문서의 파악이 굉장히 쉬워진다. 그 이유는 다음과 같다.

첫째, 계층형 제목에서 제시된 내용이 단락의 핵심을 제시하고 있기 때문이다. 상사는 계층형 제목만 읽어도 단락의 핵심적인 내용을 파악할 수 있다.

둘째, 먼저 핵심이 제시되고, 그 밑에 세부 사항이 나오기 때문이다. 그리고 동등한 위계의 메시지와 상위/하위 메시지의 관계가 명확해지기 때문에 상사의 입장에서 한눈에 파악할 수 있는 문장이 된다.

# 현장 사례 분석 및 코칭

## 07

앞에서 학습한 방식(대화식 문장+마이크로 피라미드 활용)으로 현장 문서에서 뽑아낸 연습 문제들을 풀어보자.

## 연습 문제 1

### 1. 여신 시스템 개선의 기대효과

1) 사용자가 직접 화면을 통해 원하는 자료를 검색하여 추출할 수 있도록 함으로써 유연하고 효율적인 업무가 가능해짐

2) 다이렉트 마케팅 활동 시기가 기존 대비 약 10일 정도 단축이 예상되어 적기에 마케팅 활동이 가능하며, 이에 따른 보험 계약 대출의 활성화와 실적 증대에 도움이 될 것으로 기대됨

## 연습 문제 2

### 1. 내용

1.1 20## 년 5/8, 5/15, 5/25, 6/16, 8/24, 10/13, 10/20, 10/27에 진행되는 '핵심 가치' 교육을 위해 회사의 핵심 가치인 '열정', '도전' 최고의 고객 가치' 에 관한 정의 및 인재상과 관련하여 CEO와의 토론을 진행하고자 합니다.

1.2 패널 명단은 다음과 같습니다.

## 연습 문제 3

### 1. 구체적인 개정 방향

가. 사전 감사

1) 최고 결재권자의 결재 사항 중
  - 예·결산의 변경과 연관되어 있는 것
  - 위험 자산의 관리와 연관되어 있는 것
  - 회사 자산의 매각 등 회사 재산 등에 직접적인 영향을 미치거나 미칠 우려가 있는 사항에 대해서는 사전 감사를 반드시 실시하여 정확성 및 공정성 등을 점검하고 최고 결재권자의 의사결정 신속화 도모 및 업무 부서의 감사 부담을 완화

## 연습 문제 4

### 1. 경쟁사 동향

1) 빠름사는 B사 인수 후 카드 산업과 통신 산업 융합으로 카드 결제 프로세싱 효율화 추진 및 B사 소유의 스마트로를 활용 VAN 사업과 연계 추진 중이며, 전문 업체 'S사와 제휴하여 HP 제품과 와이브로를 결합한 와이브로 상품 서비스 중

2) 친절사는 WIFI AP 내장형 금융 복합 단말기 사업을 통해 은행 / VAN사 / 제조사와 제휴하여 사업 추진 준비(가맹점 계좌를 제휴 은행으로 옮기는 조건으로 은행 보조금을 받는 구조)

3) 경쟁사( 빠름사 / 친절사)의 저가 상품(1만~2만 원선) 회선 제공으로 공격적 시장 확대 중

## 이렇게 고쳐봅시다

앞에서 제시된 문장들을 상대가 이해하기 쉽게 바꿔보자.


연습 문제 1.

문장은 대화이므로 상사의 질문부터 시작된다.


- 상사 질문: 여신 시스템 개선의 기대효과는?
- 문서의 답: 효율적 업무 추진과 다이렉트 마케팅 활동 시기 단축 통한 실적 증대!
- 상사의 이어지는 질문: 어떻게 그렇게 되지?
- 이어지는 문서의 답: 사용자가 원하는 자료 직접 추출, 기존 대비 10일 단축


이러한 내용을 마이크로 피라미드에 적용해보면 다음의 그림처럼 된다. 그리고 마이크로 피라미드의 내용은 바로 문장으로 전환이 가능하다.

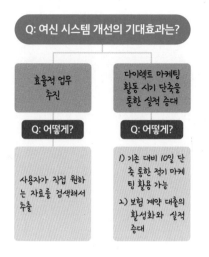

**1. 여신 시스템 개선의 기대효과**

1) 효율적 업무 추진 지원
　- 사용자가 직접 원하는 자료
　　를 검색 / 추출

2) 다이렉트 마케팅 시기 단축
　(기존 대비 10일 ) 통한 실적
　증대
　- 적기 마케팅 활동 가능케 함
　- 보험 계약 대출 활성화 및 실
　　적 증대 예상

연습 문제 2.

· 상사 질문: 하고 싶은 얘기가 뭐야?

· 문서의 답: 핵심 가치 교육을 위한 CEO와의 토론 계획과 패널 명
　단입니다.

· 상사의 이어지는 질문: 각 내용이 뭔데?

· 이어지는 문서의 답: 토론 계획은 목적, 의제, 일정이고, 명단 내역
　입니다.

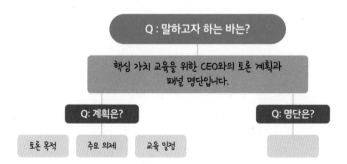

이러한 마이크로 피라미드를 문장으로 옮기면 다음과 같다.

**1. 핵심 가치 교육 위한 CEO와의 토론 계획 및 패널 명단**

1) CEO와의 토론 계획
- 토론 목적: ##년도 핵심 가치 교육을 위한 회사의 핵심 가치 및 인재상 정립
- 토론 의제: 핵심 가치(열정, 도전, 최고의 고객 가치)와 인재상 관련 협의
※ 핵심 가치 교육 일정: 8차수( 5/8, 5/15, 5/25, 6/16, 8/24, 10/13, 10/20, 10/27)

2) 패널 명단

연습 문제 3.

3번의 문장은 내용이 쉽게 파악되지 않는다. 이유는 이 단락 전체가 하나의 문장이기 때문이다. 최고 결재권자부터 감사 부담 완화까지 7줄의 내용이 한 문장으로 되어 있다. 그렇다면 어떻게 바꾸는 것이 좋을까? 동일하게 접목해보자.

- 상사 질문: 개정 방향이 뭐야?
- 문서의 답: 사전 감사를 필수 실시하겠습니다.
- 상사의 이어지는 질문: 대상 항목과 기대효과는?
- 이어지는 문서의 답: 항목은 ~입니다. 기대효과는 ~입니다.

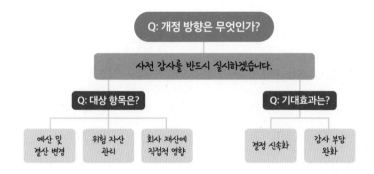

이를 문장으로 옮기면 다음과 같다.

---

**1. 구체적인 개정 방향**

  1) 사전감사 필수 실시
    ① 대상 항목(최고 결재권자의 결재 사항 중 3개항 )
      - 예산 및 결산 변경 사항
      - 위험 자산 관리와 연관 되어 있는 사항
      - 회사 재산에 직접적 영향을 미칠 가능성이 있는 사항(ex. 회사 자산의 매각)

    ② 기대효과: 의사결정의 신속화 및 주무부서의 부담 완화
      - 최고 결재권자의 의사 결정 신속화
      - 업무 부서의 감사 부담 완화

---

연습 문제 4.

연습 문제 4번의 문장을 보고 잘 썼다고 말하는 사람들도 가끔 있다. 그렇다면 문장을 분석해보자. 이 단락에서 상사가 핵심적으로 알고 싶은 것은 경쟁사 동향이다. 이 단락에서 제시하는 경쟁사 동향은 뭘까? 내용 파악이 쉽지 않지만, 마이크로 피라미드와 대화를 이용하면 그 이

유를 쉽게 알 수 있다.

- 상사 질문: 경쟁사 동향이 어때?
- 문서의 답: 빠름사 신규 서비스, 친절사 신규 서비스, 양사의 가격 정책입니다.
- 상사의 재질문: 그러니까 한마디로 뭐냐고?

경쟁사 동향에 대해 묻는 질문에 대한 답이 제대로 준비되어 있지 않다. 또한 답의 수준도 알맞지 않다. 빠름사 신규 서비스, 친절사 신규 서비스, 양사의 가격 정책으로 정리되어 있기 때문이다. 이건 경쟁사 동향이 아니다. 그저 정보를 열거하고, 동향 정보의 정리를 상사에게 떠맡기고 있는 모양새다.

이해가 용이한 문장으로 만들려면, 이 내용을 정리해주어야 한다.

빠름사의 신규 서비스와 친절사의 신규 서비스를 한마디로 정리한다면 어떤 메시지가 가능할까? 아마도 금융 계열사와의 협업을 통한 신규 서비스 창출로 정리할 수 있을 것이다.

양사의 가격 정책은 한마디로 뭘까? 보급형 저가 상품 출시다.

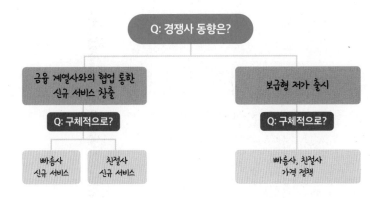

이렇게 정리하면 이러한 대화가 가능해진다.

- 상사 질문: 경쟁사 동향이 어때?
- 문서의 답: 금융 계열사와 협업을 통해 신규 서비스를 제공하고, 보급형 저가 상품을 출시합니다.
- 상사의 이어지는 질문: 구체적으로 어떻지?
- 이어지는 문서의 답: 서비스는 ~입니다.

이러한 내용을 문장으로 정리한 모습이다.

---

**1. 경쟁사 동향**

  1) 제휴사/계열사와의 협업을 통한 신규 서비스 창출

    - 빠름사: 전문업체(S사)와 제휴 통해 HP 제품과 와이브로를 결합한 신상품 서비스

    ※ 최근에 인수한 B사를 통해, 카드산업과 통신산업의 융합 통한 카드결제 프로세싱 효율화 및 VAN 사업 추진

- 친절사: WIFI AP 내장형 금융복합단말기 사업 통해 은행/VAN/제조사와 제휴한 사업 준비
  • 가맹점 계좌를 제휴 은행으로 _____ 받는 구조
2) 저가 상품 출시 통한 시장 확대 추진
  - 저가 상품(1만~2만 원선) 회선 출시 / 제공으로 공격적 시장 확대 추진 중

문장으로 작성하는 게 어렵다면 대화와 마이크로 피라미드를 활용해서 정리해보자. 어떻게 끊고, 어떻게 요약하고, 어떻게 정리할지 명확해질 것이다.

# 수준 있는 문장의 필수 요소: 명확성, 간결성

## 08

한 방송사의 TV 프로그램에서 낸 재미있는 퀴즈를 본 적이 있다. 20~30대 여성들이 뽑은 '애인이 가장 무식해 보였던 순간은?'이라는 문제였다. 객관식의 내용은 다음과 같았다.

1) 한글 맞춤법을 틀릴 때: 예) 니들 다깡정 몰라?

2) 시사 상식을 전혀 모를 때: 예) 혹시 FTA가 뭔지 알아요? 프타네 뭐.

3) 쉬운 영어도 모를 때: 예) 자꾸 걸, 걸 하는데 혹시 걸 스펠링이 뭔지 알아?

4) 사자 성어의 뜻을 전혀 모를 때: 예) 고생 끝에 낙이 온다는 뜻의 사자 성어가 뭐지?

짐작하는 바와 같이, 정답은 1번이다. 강의 현장에서도 이 질문을 던져보면 압도적으로 1번이 많이 나온다. 쉬운 한글 맞춤법이 틀린 연애편지를 받는 순간, 연인의 사랑보다는 무식함을 느끼게 된다는 것이다. 이는 문서와 관련해서 회사가 직원들에게 느끼는 감정과 똑같다. 문서 한 장을 만들어오라고 했는데, 내용이 무엇인지 알 수 없는 문서, 실수가 너무 많은 문서, 지시한 내용과 전혀 무관한 문서를 받게 되는 경우가 있다. 이러한 경우, 상사는 이 문서를 보면서 작성자의 일처리가 꼼꼼하지 않다는 것, 실수가 많다는 것, 세심하지 못하다는 것 등 작성자의 능력과 업무 스타일을 평가하게 된다.

그렇다면 수준 높은 문장을 써오는 직원의 업무 스타일은 자연히 돋보이게 된다. 수준 높은 문장은 명확하고 간결하다.

## 수준 있는 문장 1. 명확성: 의미를 100% 전달한다

문장이 명확하다는 것은 상대가 '오해'하거나, 문서의 내용을 헷갈리지 않는다는 것을 의미한다. 문서는 작성자와 메시지가 철저하게 분리되어 문서만 전달되기 때문에 의미에 이중 해석의 여지가 있으면 안 된다. 상대는 작성자의 의도와 다르게 내용을 이해하고 적용할 수 있다. 아무리 "오해하지 말고 읽어"라고 말해도, 명확하지 않은 문장을 쓴다면 상대는 오해할 수밖에 없다.

다음은 명확한 문장을 쓰기 위해 기억할 방법들이다.

## 1. 주어와 서술어를 무리하게 생략하지 말자

'금융 거래 조회 업무 처리 지침 및 명의인 통보 안내장 양식 변경'

이런 문장이 있다. 무엇이 변경되었다고 말하는 것일까? 이 문장은 '지침과 양식이 변경된 것' 또는 '양식만 변경된 것'이라는 이중 해석이 가능하다. 그 이유는 '지침'에 대한 서술어가 생략되어 있기 때문이다. 이 문서의 내용을 읽어보니 이런 내용이었다.

'금융 거래 조회 업무 처리 지침 전달 및 명의인 통보 안내장 양식 변경'

## 2. 바로 이해할 수 있도록 상대의 눈높이에 맞춰라

1. 장애 내역: ASR 저하 및 ACD 감소 등 전반적인 품질 저하

혹시 이 내용이 제대로 이해되는가? 만약 이 업무 분야에서 일하지 않는다면 절대 이해할 수 없는 내용이다. 모든 문서는 상대방을 전제로 작성해야 한다. 메시지가 상대에게 전달되지 않는다면, 그 문서의 가치는 전혀 없다고 얘기할 수 있다. 이 단락의 내용을 이해시키려면 상대는 ASR과 ACD라는 용어를 이해할 수 있어야 한다. 그러나 이 문서에는 이러한 내용을 찾아볼 수 없었다. 수정을 요청하니, 다음과 같이 정리해서 다시 제출했다. 하지만 역시 답답할 뿐이다.

ASR을 완료율로, ACD를 평균 통화분수로 설명해두었는데, 안타까운 것은 이게 어떤 의미인지 전혀 감을 잡을 수 없다는 점이다. 모든 문서는 상대의 눈높이에 맞춰 전달되어야 한다. 따라서 이 문서가 제대로 이해될 수 있게 하려면 전문 용어에 대한 별도의 설명이 필요하다. 물론 상사가 자신의 업무 분야에 대해 전문성이 있어서 문서의 전문용어를 쉽게 이해할 수 있다면 괜찮다. 그러나 작성자의 전문 분야에 대해 상사가 잘 모를 경우에는 전문용어는 쉽게 풀어 써주거나 또는 별도의 주석을 달아줄 필요가 있다. 특히, 하루에도 수백 개의 전문용어가 쏟아져 나오는 요즘의 상황에서는 더욱 필요한 감각이라 할 수 있다.

### 3. 구체적으로 쓰자

문장을 쓸 때, 애매하게 쓰면 이해가 잘 안 된다. 보는 순간, 내용을 이해할 수 있도록 구체적인 표현이 좋다.

본 제품의 특징은 아래와 같습니다.

이렇게 쓰인 문장에서는 아무런 내용도 이해할 수 없다. 상대가 아래의 내용을 다 읽어야 한다. 따라서 핵심을 모두 담아서 바로 이해할 수 있도록 만드는 것이 좋다. 예를 든다면 앞의 문장은 다음과 같이 정리하는 게 좋다.

> → 본 제품의 특징은 빠른 접근성, 높은 보안성, 개별화된 편의성에 있
> 습니다.

이런 관점으로 현장의 문장들을 바꿔보자.

각 문장의 아래에 표시된 문장은 구체성이 좋아 상사의 내용 파악이
용이하다.

- (개선 전) 본 장애의 개요는 다음과 같습니다.
  → 본 장애는 ○○빌딩 회선 네트워크 오류로 시스템 과부하가 원
  인이었음(50분 지속)

- (개선 전) 본 위원회는 다음과 같이 구성할 예정입니다.
  → 본 위원회는 다양한 목소리 반영을 위해 연령별, 직급별, 성별
  균형을 고려하여 구성할 예정입니다.

- (개선 전) 탄력 근무제 도입 시 조직 내 많은 변화가 예상됩니다.
  → 탄력 근무제 도입 시 근태 관리, 조직 내 커뮤니케이션 방법,
  팀의 성과 관리 등 다양한 분야의 변화가 예상됩니다.

## 4. 수식어와 피수식어는 가까이 붙여주자

명확한 문장을 쓰기 위한 간단한 습관으로 수식어와 피수식어를 가

깝게 붙여 쓰는 방법이 있다. 예를 들어보자.

- 본 사항과 관련한 솔직하고 냉정한 리더들의 판단을 취합할 필요가 있다.

이 문장을 볼 때, '솔직하고 냉정한'이라는 수식어가 꾸며주는 단어는 무엇일까? 꼼꼼히 본다면 판단임을 알 수 있다. 그러나 수식어와 피수식어 사이에 '리더들의'라는 단어가 들어가기 때문에 즉시 이해하기는 쉽지 않다. 관계가 있는 것은 가까이에 두면, 다음과 같이 고칠 수 있다.

→ 본 사항과 관련한 리더들의 솔직하고 냉정한 판단을 취합할 필요가 있다.

현장의 사례 몇 가지를 더 살펴보자.

- 진정한 업무 효율성의 의미를 아는 사람은 그런 접근을 고려하지 않는다.
  → 업무 효율성의 진정한 의미를 아는 사람은 그런 접근을 고려하지 않는다.

- 최근 주가의 움직임은 개선된 기업의 실적을 반영하고 있다.
  → 최근 주가의 움직임은 기업의 개선된 실적을 반영하고 있다.

- 경제 전망이 불투명한 상황에서 기업들이 쉽사리 번 돈은 투자하기 어렵다.
  → 경제 전망이 불투명한 상황에서 기업들이 번 돈을 쉽사리 투자하기 어렵다.


## 수준 있는 문장 2. 간결성: 깔끔한 메시지를 전달한다

문장의 간결성이란, 의미 없는 중복을 제거하는 것을 의미한다. 의미 없이 길어지는 문장은 보통 의미가 중복된 단어나 문장에서 기인한다. 이렇게 문장을 간결하게 쓰지 못하면 상사 입장에서는 '준비가 덜 된 문서' 또는 '대충 써버린 문서'라는 인상을 받게 될 가능성이 크다.

그럼 간결한 문장을 쓰는 방법을 살펴보자.


### 1. 단어의 중복을 피하자

습관적으로 쉽게 범하게 되는 실수 유형으로 무의미한 단어의 중복이 있다. 다음의 문장들을 보자.

- 오늘날 현대 산업의 문제점은 ~
- 죽기를 각오한 필사의 전략 실행이 요청됨
- 기업 체질 개선을 위해서 우선 이익 구조의 건전성을 먼저 검토해

야 함

이 문장들은 단어끼리 의미 중복이 발생하고 있다. 첫 번째 문장에서는 '오늘날'과 '현대'가, 두 번째에서는 '죽기를 각오한'과 '필사의'가, 세번째 문장에서는 '우선'과 '먼저'가 의미상 중복되고 있다. '간결성' 있는 문장이란, 단어의 경제적 활용을 통해 불필요한 의미의 중복을 줄이는 것을 말한다.

## 2. 문장의 중복을 피하자

동시에 간결성은 문장에서의 중복을 피하는 것을 말한다. 다음에 제시된 현장 문서의 사례를 생각해보자.

**1. 기대효과**
1) 국제 관련 업무의 통합으로 원스톱 서비스 제공으로 고객의 편의성 증대
2) 국제 업무 관련 전화번호의 추가 안내에 따른 분실 등의 사고 발생 시 편의 제공
3) 국제 업무 관련 24시간 응대 체계 구축

이 내용을 보면, 3개의 문장에서 계속적으로 중복되어 나오는 단어들이 있다. 바로 '국제 업무 관련'이다. 또한 1) 문장과 2) 문장은 내용상으로 겹치는 내용이 많이 있다. 이러한 것이 한눈에 들어오는 경제적인 방법으로 표현되려면 어떤 모습이 좋을까? 우선 '국제 관련 업무' 라는 불필요한 중복을 삭제하고, 편의성과 시스템이라는 측면으로 정리해보면 다음과 같다.

> **1. 기대효과(고객 편의 증대 및 시스템 측면)**
> 　1) 고객 편의 증대: 국제 관련 업무 통합 원스톱 서비스 제공 및 사고 처리
> 　2) 시스템 개선: 24시간 응대 체계 구축

전체적으로 문장의 길이와 내용은 줄었지만, 한결 이해하기 편한 모습이다.

다음 사례 역시 고민해보자.

> **1. 해외 긴급 지원 상담 센터에서 당사 콜센터 호전환**
> 　1) 해외 긴급 지원 서비스 전화번호의 당사 콜센터 호전환
> 　2) 해외 긴급 지원 상담 서비스 계약 변경 시 해당 전화번호의 유지 및 호 전환

이 문장 역시, 전체에 걸쳐 '해외 긴급 지원 상담'과 '호전환'이라는 내용이 중복되어 나타나고 있다. 또한 계속해서 유사한 내용이 반복되고 있다. 이 문장들을 다음과 같이 정리하면 좀 더 쉽게 이해할 수 있다.

> **1. 해외 긴급 지원 상담 센터에서 당사 콜센터 호 전환 추진**
> 　- 관련 서비스 계약 변경 시 해당 전화번호의 유지 및 호전환 추진

## 3. 의미가 중복되는 단어를 주의하자

습관적으로 의미가 중복된 단어를 쓰는 경우가 많다. 예를 들어 '쓰이는 용도'와 같은 표현이다. '쓰이는'과 '용도'는 같은 의미다. 불필요한

중복이다. 가끔 표현에 민감한 실력 있는 상사들은 이런 것들을 지적하기도 하므로 단어를 사용할 때 주의하자.

다음 단어 중에서 의미가 중복된 것들은 몇 개일까? 이것을 다 맞춘다면, 당신은 우리말 고수다.

약 35만 명선, 8월 달, 동해바다, 고객이 보는 관점, 해안가, 그 때 당시, 연구진들, 분기마다, 처갓집, 가까운 측근에게, 소요자금, 둘로 양분하다, 입으로 구전되다, 원고를 투고하다. 좋은 호평, 시험을 치르다, 이어지다, 서로 상의하다, 너무 과하다

답은 다음 장에 있는 Tip에서 확인해보자.

# 오탈자,
# 이것만 알아도 고수 소리 듣는다

현장에서 오탈자 때문에 꾸중을 들으면 다들 굉장히 섭섭해한다. 작성자들은 문서의 의미만 통하면 되는 거 아니냐고 불평하기도 한다. 그런데 오탈자가 있으면 자신의 능력과 마인드를 의심받게 된다. 자신의 제품이 문서라면, 완결성 있는 제품을 만들기 위해 욕심내보자. 우리는 타인이 인정하든 인정하지 않든 우리 업무에서 장인이다.

희망적인 소식은 일반적으로 업무 현장에서 우리가 틀리는 오탈자는 어느 정도 범위 안에 있다는 것이다. 실은 상사가 알고 확인해주는 오탈자도 중요한 몇 가지 정도다. 이것을 기억하고 있다면 오탈자 때문에 욕먹는 일은 크게 줄어들 수 있다. 당신의 실력을 체크해보자. 다음 문서에서 오탈자들을 찾아보자.

# 업무 효율화를 위한 결제 단계 축소 방안

급변하는 경영 환경에 대해 적응도를 향상하고 조직 운용의 효율성을 높이기 위해 현행 결제 단계를 개선함으로서 스피드 경영에 기여하고자 함

## 1. 현황 분석

1) 현재 직급 체계와 위임 규정에 따르면 결제 단계는 2단계부터 6단계이며, 평균 4 단계를 거쳐 타사 평균 단계의 곱절임

2) 복잡한 결제 단계가 업무 소요 시간을 늘임에 따라 업무 처리의 효율성을 지원하지 안고 있어 직원의 업무 동기를 저하시킴

(VOC/: 영업팀 홍길동 대리) 하루 종일 뛰어 다니는데 웬지 결제 되는 게 없어서 일은 좋지 안고 마음만 답답합니다. 몇월 몇일까지 된다는 확신이 있어야 영업이 편한데, 이런 상태면 고객에게 정확한 답을 줄 수 없어서 안타깝습니다.

(VOC2: 회계팀 나명석 과장) 제가 올린 안건들이 신속하게 결제되는 게 바램입니다. 이거 표경에 붙이면 다들 같은 마음일 것입니다. 이러면 안되요.

## 2. 추진 방향

1) 역할에 맞게 일을 분활하고, 결제 권한의 위임
   - 팀장, 본부장등 조직 리더들의 결재권을 늘이고, 책임을 감당하고 업무를 추진하는 것이 자신이 띠고 있는 역할임을 인식하게 함.
   ※ 책임을 지고 일을 추진하던지, 책임을 내려놓던지의 의식으로 일을 하지 않으면 조직을 결딴나게 하는 원인이 됨 (CEO언급 사항, 월간 회의 00월 )

2) 결제 시간 신호등 도입
   - 결제 소요시간의 지연 여부를 눈에 띄게 하여 상습적인 지연 단계를 파악하고 스스로 인식하게 함.

## 3. 세부 시행 방안
   - 별첨 참조

## 4. 시행 :
   - 1개월 이상의 계도 기간을 설정한 이후에 실행함.

- 끝 -

이 문서에서 오탈자는 몇 개일까? 다 맞혔는지 확인해보자. 다 찾아냈다면 당신은 국어 능력자다.

- 결제 vs. 결재
  - 결제: 대금을 주고받아 거래 관계를 종료하는 일
  - 결재: 결정할 권한이 있는 상사가 부하의 제출 안건을 검토하고 허가해줌

- ~으로서 vs. ~으로써(개선함으로써)
  - 으로서: 지위나 신분 또는 자격의 격조사
  - 으로써: 어떤 일의 수단이나 도구를 나타내는 격조사

- 갑절 vs. 곱절
  - 갑절: 어떤 수나 양을 두 번 합친 것
  - 곱절: 같은 수나 양을 여러 번 합친 것

- 늘임 vs. 늘림
  - 늘임: 정해진 것을 당겨서 늘임
  - 늘림: 양, 시간, 힘을 늘림

- 안고 → 않고
  : [안코, 안토록]으로 발음이 되는 경우 '않고'가 맞음

- 왠지 vs. 웬지
  - 왠지: '왜인지'로 의미가 통하는 경우
  - 웬: '어찌된'으로 의미가 통하는 경우

- 몇월 몇일 vs. 몇 월 며칠

  : 몇 월 며칠이 맞는 표현임


- 붙이다 vs. 부치다

  - 붙이다: '붙게 하다'로 전환 가능할 때는 '붙이다'가 맞음

  - 부치다: 표결에 부치다 등으로 사용


- 안 되요 vs. 안 돼요

  : '어'가 들어가는 것이 자연스러우면 '돼' '봬'로 표기하는 것이 맞음


- 분활 vs. 분할

  : '자름/ 쪼갬'의 의미가 있는 경우 '할(割)'을 사용하는 것이 맞음


- 띄고 vs. 띠고

  : '가지다, 지니다'는 띠다, '띠다'의 피동형은 '띄다'이다.


- 던지 vs. 든지

  - 든지: 선택을 해야 하는 것

  - 던지: 과거를 회상하는 것


앞의 문서에서는 이런 용어가 잘못 사용되고 있다.

보통 현장에서 상사가 짚어주는 오탈자의 내용은 이 정도 범위 안에 있다. 익혀둔다면 오탈자로 인한 지적에서 해방될 수 있다. 또한 불필요한 단어의 중복이 사라지면, 간결하고 용어 사용에 정확하다는 인상을 줄 수 있다.


앞장에서 나왔던 중복 용어는 총 15개로 수정하면 다음과 같다.

약 35만 명선(약 35만 명), 8월 달(8월), 동해바다(동해), 고객이 보는 관점(고객의 관점), 해안가(해안), 그때 당시(그때), 연구진들(연구진), 처갓집(처가), 가까운 측근에게(측근에게), 둘로 양분하다(양분하다), 입으로 구전되다(구전되다), 원고를 투고하다(투고하다), 좋은 호평(호평), 서로 상의하다(상의하다), 너무 과하다(과하다)

# Chapter
# 5

# 한 페이지 슬라이드 :

## 격이 다른
## 명품 슬라이드로
## 표현하라

# 고수는 '슬라이드의 언어'를 이해한다

## 01

아직도 비즈니스 현장에서는 워드 프로그램을 이용해 문서를 많이 작성한다. 그러나 최근에는 여러 기업에서 PPT를 활용한 한 페이지 보고서를 선호하고 있다. 다양한 내용을 쉽게 담을 수 있다는 점과 편집이 비교적 간편하며, 내용을 보면서 바로 프레젠테이션을 할 수 있다는 점에서 유용하기 때문이다.

PPT를 활용하는 방법에 대해서는 다른 책들에서 이미 많이 다루고 있다. 따라서 여기에서는 메시지가 잘 전달하기 위해 필요한 슬라이드의 구성법에 대해 살펴볼 것이다. 이와 더불어서 숫자 메시지와 개념 메시지를 표현하는 법도 설명할 것이다.

PPT 프로그램으로 작성한 현장 문서를 볼 때, 작성자의 노력에 비해서 효과가 떨어지는 경우가 많다. 화면 전체에 빼곡하게 채워져 있는 내용, 알아보기 힘들게 나열한 문장, 다양하게 사용된 색상 등은 작성자가 얼마나 열심히 노력했는지를 보여주는 흔적일 수는 있다. 하지만 안타까운 것은 상대방 입장에서는 작성자가 도대체 무슨 내용을 전달하고 싶은지 이해할 수 없다는 점이다.

이는 많은 작성자가 슬라이드를 '그림'으로 인식하기 때문에 발생하는 현상으로 볼 수 있다. 다양한 색을 사용하고, 때로는 다양한 이미지를 활용하지만, 슬라이드의 본질은 '메시지를 전달하는 문서'다.

그럼 상대방이 쉽게 메시지를 이해할 수 있는 슬라이드를 만드는 방법을 살펴보자.

## 슬라이드의 언어를 기억하자: 도표, 그래프, 단어, 도식화

슬라이드를 통해 전달하는 메시지를 두 가지로 구분한다면 숫자(수량화된) 메시지와 언어(비수량적) 메시지로 볼 수 있다. 숫자 메시지란, 매출이나 이익, 점유율 등 구체적인 숫자로 표현할 수 있는 메시지를 말한다. 반면 수치화가 어렵거나 아예 불가능해서 언어로만 전달해야 하는 언어 메시지가 있다. 따라서 이러한 두 가지 메시지를 명확하게 전달하는 방식을 알고 활용해야 상대방이 쉽게 이해할 수 있는 슬라이드를 구성할 수 있다.

슬라이드에서 숫자 메시지를 효과적으로 전달할 수 있는 수단으로 주로 사용되는 방식은 '표'나 '그래프'가 있다. 표는 숫자와 관련된 다양한 메시지를 한눈에 들어오게 정리해주는 장점이 있다. 그리고 그래프는 작성자가 전달하려는 가장 중요한 숫자 메시지가 어떤 내용인지 시각화해서 쉽게 알 수 있게 한다.

반면 언어 메시지의 경우는 보통 문장(단어)을 통해 전달된다. 또한 작성자의 의도를 명쾌하게 보여주기 위한 방법으로 도식화 등의 이미지 요소를 활용하기도 한다. 잘 만들어진 도식은 백 마디의 말보다 더 쉽게 이해할 수 있도록 도와준다.

그럼 각 언어는 어떤 특징이 있는지 특징을 살펴보자.

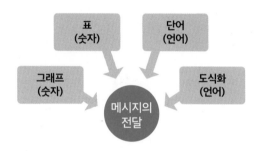

- 그래프 : 숫자 메시지를 시각적으로 전달할 때 효과적이다. 메시지의 종류에 따라 적합한 그래프의 종류가 있다.
- 표 : 데이터를 논리적으로 정리하기에 좋은 수단이다. 여러 가지 복잡한 내용을 한눈에 들어오게 정리할 수 있다. 많은 내용을 전달할 수 있는 장점이 있지만, 동시에 상대방 입장에서 핵심 메시지의 파악이 쉽지 않다는 단점이 있다. 따라서 표로 메시지를 전달할 경우에는 핵심 메시지를 전달하기 위한 장치(별도의 표시, 정리 등)를 해주는 것이 좋다.

- 단어 : 앞장의 내용을 통해 문장을 구성하는 법을 살펴보았지만, PPT 슬라이드에서의 좋은 표현 방식이 약간 다르다. 워드 문서에서 사용하는 방식보다 더욱 간결한 텍스트 구성이 필요하다. 동시에 단어만 나열하기보다는 핵심 메시지 중심으로 요약해서 사용하는 것이 좋다.

- 도식화 : 메시지를 시각적인 방식을 통해 이미지로 표현해주는 방법이다. 최근에는 슬라이드 작성 프로그램에서 관련된 기능이 제공되기도 한다. 메시지의 개념을 전달할 때 적절하게 활용하면, 복잡한 내용이 한눈에 정리된다.

다음은 PPT 프로그램(스마트아트)에서 제공하고 있는 도식화의 유형들로, 메시지의 유형에 따라 적합한 것을 골라 쓸 수 있다.

**주기형**

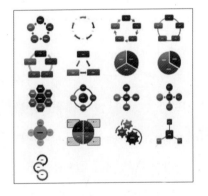

**목록형**

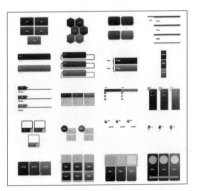

**프로세스형**

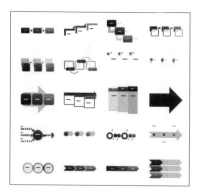

# 슬라이드의 성격을 기억하자: 워드와 PPT의 하이브리드

한 페이지 PPT 슬라이드 보고서를 제대로 작성하기 위해서는 그 성격을 명확하게 이해할 필요가 있다. 한 페이지 슬라이드 보고서는 워드와 PPT의 하이브리드다. 즉 콘텐츠는 문서이지만 표현 방식은 슬라이드다. 아주 당연하지만 그로 인한 차이가 있다.

## PPT 슬라이드는 워드 문서가 아니다

· **강점이 달라진다: 텍스트 vs. 다양한 매체, 특히 이미지**

워드 문서는 텍스트 중심의 메시지를 전달하기 유용하다. 때로는 이미지를 넣을 수도 있지만, 그보다 강점은 많은 텍스트 메시지를 담아낼 수 있다는 점에 있다. 반면에 슬라이드는 텍스트보다는 다양한 이미지 요소를 전달하는 데 강점이 있다. 따라서 텍스트로만 문서 전체를 채울 것이라면 PPT보다 워드가 더 적합하다.

### • 모양이 달라진다: 세로형 vs. 가로형

워드 문서는 주로 세로형의 문서로 전달된다. 즉 한 장의 메시지를 전달할 때 복잡한 스토리라인을 담아낼 수도 있다. '배경 – 경위 – 현황 – 원인 – 목표 – 추진 방향 – 세부 추진 방안 – 기대효과' 등의 목차처럼 항목이 많아도 표현이 가능하고 어색하지 않다.

반면에 슬라이드 문서는 가로형의 문서로 많이 쓰인다. 따라서 복잡한 내용을 한 장에 작성하기에는 적절하지 않다. 일반적으로 활용하는 2단 구성(좌측 본문 + 우측 본문)의 패턴상 너무 다양한 항목을 넣으려고 하면 메시지가 복잡해지고 난잡해진다.

세로형 문서 vs. 가로형 문서의 차이로 인해 메시지의 인식 방향도 차이가 생긴다. 사람의 인식에는 패턴이 있다. 사람이 문서를 통해 정보를 파악하는 순서는 다음과 같다.

- 위에서 아래로: 항상 시선이 위에서 시작한다.
- 좌에서 우로: 가로로 움직인다면 좌측에서 우측으로 이동한다.
- 시계 방향으로: 원의 모양이라면, 12시 방향에서 시작해서 시계 방향으로 움직인다.

따라서 상대방이 쉽게 이해하는 문서를 만들기 위해서는 이 순서로 메시지를 배치해야 한다. 시선의 자연스러운 흐름에 맞춰 내용을 배치하는 것이다. 핵심을 슬라이드 상단에 제시해서 상대가 핵심을 먼저 이해하고, 아래의 내용에서 세부 정보를 얻도록 해야 한다.

이러한 패턴을 가지고 문서를 읽을 때, 세로형의 문서, 즉 워드 문서는 어떤 시선의 흐름이 일반적일까? 상단의 메시지를 쭉 (좌에서 우로) 읽고, 한 단계씩 내려오면서 파악해가는 것이 일반적인 인식의 흐름이다. 알파벳으로 따지면 E형의 패턴으로 이동하게 된다.

반면 가로형 문서(슬라이드)는 배치상 2단 구성 또는 3단 구성이 일반적이기 때문에 한 단계씩 내려오지 않는다. 흐름이 길게 내려오지 않기 때문에 Z형의 패턴으로 이동하게 된다. 이러한 시선의 흐름을 인식한다면, 주요 메시지의 배치를 어떻게 할지에 대한 방향을 잡을 수 있다 (효과적 메시지의 배치는 다음 장에서 살펴보자).


**• 쓰임새가 다르다: 프레젠테이션에 2% 모자라는가 vs. 50% 모자라는가?**

워드 문서로는 프레젠테이션을 진행하기 어렵다. 일단 밀도가 높은 경우가 많고, 텍스트 중심으로 이뤄져 한눈에 내용을 다 보여주기 어렵기 때문이다. 스크롤을 이용해서 내려가면서 문서를 읽는 경우가 많아서 집중도가 떨어지고, 내용의 맥락을 잊어버리게 된다. 프레젠테이션을 하려면 50% 정도 모자라다.

반면 슬라이드를 이용한 한 페이지는 바로 프레젠테이션을 시행할 수 있다. 2% 모자라지만 프레젠테이션을 시행하기에 아주 어렵지는 않다. 종종 프레젠테이션 자료로 현장에서 사용되기도 한다.

| > 워드 문서 | > PPT 문서 |
|---|---|
| 텍스트 | 텍스트 + 도해 +이미지 |
| 읽는 것 중심 | 보고 + 읽고 |
| 세로 패턴의 문서 작성: E축 시선 이동 | 가로 패턴의 문서 작성 : Z축 시선 이동 |
| 프레젠테이션 시행 부적합 | 프레젠테이션 가능 |

## PPT 슬라이드는 프레젠테이션 장표가 아니다

PPT 한 페이지 문서는 발표를 목적으로 하는 프레젠테이션 장표와 다르다. 프레젠테이션 장표는 항상 '발표자'가 있다. 따라서 정보 전달의 핵심은 발표자다. 즉 발표자가 메인이고, 슬라이드는 보조 자료다. 때문에 정보의 50% 이상을 담지 않는다.

반면 한 페이지 슬라이드는 발표자가 없어도 내용을 전달할 수 있다. 즉 정보 전달의 100%를 슬라이드가 담당해야 한다. 논리의 완결성이 슬라이드 내에 필요하고, 문서를 받아보는 상사가 더 이상 궁금한 것이 없을 정도로 내용의 디테일이 보장되어야 한다.

목적이 다르기에 달라지는 속성이 있다.

• **밀도의 차이** 프레젠테이션 자료는 시원시원하게 만들어야 한다. 원래부터 읽기 위한 것이 아니라 보이기 위한 것이기 때문이다. 따라서 글자의 크기는 프레젠테이션 자료는 최소 18포인트 이상이어야

한다. 반면 문서의 경우 12~14포인트로 작성하는 게 적절하다.

- **내용의 차이** 문서는 내용 자체를 100 % 전달한다. 반면에 프레젠테이션은 '슬라이드 + 발표자'가 내용의 100%를 전달한다. 그래서 문서의 메시지에는 논리적 빈틈이 없어야 한다. 반면 프레젠테이션은 자료에 빈틈이 있고, 그 빈틈을 발표자가 메운다. 또한 발표를 전제로 할 때에는 동영상, 사운드 등의 더욱 다양한 자료가 포함된다.

- **글자체의 차이(가독성 vs. 가시성)** 문서는 읽기 위한 것이 주목적이다. 따라서 잘 읽히는 가독성을 고려해 글자체를 선택하여 사용하는 것이 좋다. 가독성이 좋은 글자체는 명조체처럼 선이 가는 것이 좋다. 반면에 프레젠테이션을 위한 자료라면 가시성이 좋아야 한다. 가시성이 좋다는 것은 프로젝터로 투사했을 때 잘 보여야 하고, 이를 위해서는 고딕체처럼 선이 굵고 진한 글자체가 좋다. PPT로 자료를 만들더라도 어떤 목적인가에 따라 자료를 만드는 방법이 달라진다.

이러한 슬라이드의 언어와 속성을 이해해야 효과적으로 한 페이지 문서를 만들 수 있다.

# 설득력 있는 장표는 논리의 뼈대가 있다

## 02

뼈대 있는 슬라이드를 구성해야 메시지가 탄탄해진다. 한 장의 슬라이드는 기본적인 구성 요소가 있고, 요소를 연결하는 뼈대, 즉 논리의 흐름이 있다.

## 슬라이드 페이지의 구성 요소

라면의 핵심은 면과 물, 스프다. 이 세 가지만 있으면 라면이 된다. 계란, 파, 김치, 치즈, 어묵, 이 모든 것은 부차적이다. 있으면 좋지만 없어도 라면의 정체성을 망가뜨리지는 않는다. 한 장의 슬라이드를 만들 때에도 핵심 요소가 있다. 그리고 부차적 요소가 있다. 이 요소들을 상황에 맞게 잘 배합하면 맛있는 한 장의 슬라이드가 된다.

그러면 먼저 핵심 요소부터 살펴보자.

· **제목** 장표의 내용이 무엇인지를 알게 한다. 특별히 소목차를 함께 써주면 상대는 내용의 전개와 흐름을 쉽게 파악할 수 있다. 전반적 주제만 간략하게 표시하는 것이 좋으며, 주장의 요약은 필요 없다 (보통 18~20포인트를 활용).

· **헤드 메시지** 각 슬라이드의 핵심 내용이 무엇인지를 전달하는 요소 이다. 대부분 한 문장으로 구성되며, 1~2줄 이내로 작성한다. 3줄 이 넘어가면 이해도는 급격히 떨어지게 된다. 상대가 헤드 메시지 만 읽어도 각 슬라이드 내용을 알 수 있도록 한다(보통 글자는 14~16 포인트를 활용).

· **본문** 주요 메시지를 담아내는 공간으로 1단 구성, 2단 구성(좌 측+우측), 3단 구성(좌측+중간+우측)을 사용한다. 가장 많이 사용되 는 것은 2단 구성이다. 슬라이드의 좌측 부분과 우측 부분으로 구 분된다. 글자 크기는 11포인트 이상이 좋다.

이러한 세 가지 요소가 슬라이드의 핵심이다. 그렇다면 부차적 요소 는 무엇일까? 한 페이지 보고서인 경우 의미가 크지 않지만, 보고서가 여러 장일 때 기능을 갖는 요소들이 있다. 바로 트래커(Tracker)와 페이 지 번호다.

- **트래커** 보고서에서 현재 슬라이드의 위치를 한눈에 보여주는 장치이다. 이를 통해 상대방은 전체 흐름 속에서 현재의 위치를 파악할 수 있다. 보통 슬라이드 우측 상단에 위치하는 경우가 많다.

- **페이지 번호** 전체 페이지에서 현재의 위치를 알려주는 기능을 한다. 일반적으로 하단의 중앙부에 위치한다.

- **(필요시 제안사&고객사) 회사 로고** 문서의 생산 주체를 알게 하고, 문서가 외부로 나가는 경우 문서의 소비 주체가 누구인지 표현한다.

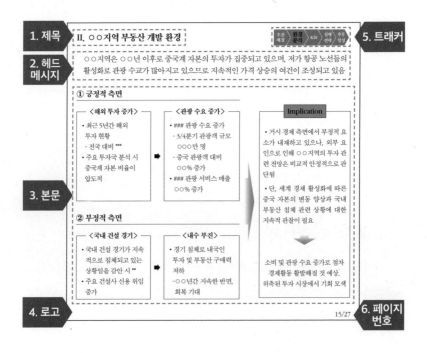

## 슬라이드 논리 구조

슬라이드를 이해할 때 피라미드 구조는 슬라이드 메시지 간의 관계를 잘 보여준다. 앞서 설명한 것처럼 피라미드의 모양과 문서의 스토리 배치가 유사하기 때문에 피라미드의 흐름이 슬라이드에 거의 그대로 적용된다.

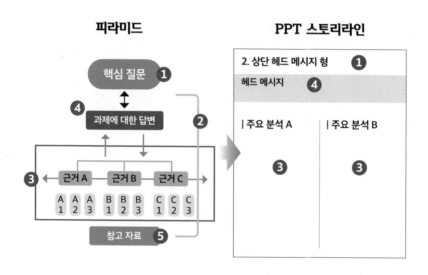

슬라이드의 논리 구조를 이해하기 위해 앞에서 설명한 피라미드 구조의 3원칙을 다시 떠올릴 필요가 있다.

・원칙 1. 과제와 결론의 관계  결론은 상대의 질문(과제)에 대한 충분한 답이 되어야 한다.

- **원칙 2. 결론과 근거의 관계**  세로 방향으로 Why so(왜 그런데)? / So what(그래서)?의 관계가 성립된다.

- **원칙 3.** 근거는 누락이나 중복이 없이 MECE하게 한다.

이러한 원칙이 적용됨으로써 한 장의 슬라이드에는 명쾌한 논리 구조의 원칙이 있다.

- **원칙 1.** 제목에는 상대의 질문이 담겨있고 헤드 메시지는 핵심 대답을 제시한다.

- **원칙 2.** 헤드 메시지에서 제시되는 답의 근거는 본문에 있으므로 상대는 본문에서 주장의 근거를 확인할 수 있다.

- **원칙 3.** 본문끼리는 논리적 스토리라인이 성립하고, MECE하게 제시되어야 한다.

앞에서 언급했던 신시장 진입에 대한 사례로 살펴보자. 1원칙과 2원칙은 수직 구조의 뼈대, 3원칙은 수평 구조의 뼈대가 된다.

신사업(가칭 E사업) 추진이 타당한가?

시장의 성장성과 후발주자 진입의 용이성 측면에서 매력이 높고, 당사 강점을 활용하여
초기 투자 비용을 절감하고 경쟁우위를 점할 수 있으므로 사업 추진이 타당함

(Why so? ;
왜 그런데?)　　　(So what? ;
　　　　　　　그래서?)

| 시장 [1, 6, 7] | 경쟁 [2, 3] | 당사 [4, 5, 8, 9] |
|---|---|---|
| 시장이 매력적이고,<br>진입 장벽이 높지 않아<br>후발 주자라도 싸워볼 만하다. | 경쟁 강도가 높지 않고<br>후발 주자로서 경쟁 참여가 용이하다. | 자사의 강점을 활용할 수 있고,<br>해당 사업 진출의 대내외 여건이 좋다. |
| 시장<br>성장률 / 고객<br>성향 / 시장<br>잠재<br>규모 | 경쟁<br>상황 / Market<br>share | 판매<br>채널<br>활용 / 엔지니어<br>가용 / Cash<br>flow 및<br>이미지 |

## 신규 시장 진입 타당성 검토

지속적으로 확대될 것으로 보이는 시장의 성장성과 후발 주자 진입의 용이성 측면에서 매력이 높
고, 당사 강점을 활용하여 초기 투자 비용을 절감하고 경쟁우위를 점할 수 있으므로 사업을 추진
하는 것이 타당함

■ **시장 측면** : 시장이 매력적
이고, 고객 성향상 후발 주자
라도 경쟁이 가능함

### 시장 성장성과 규모

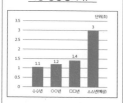

### 고객 구매 시 고려 사항

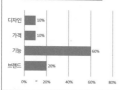

■ **경쟁 측면** : 시장 내 유력한
경쟁사는 아직 없는 상황으로
진입이 용이함

### 현재 시장 점유 상황

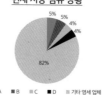

### 주요 시사점

• 현 시장의 주요 점유율에서
주요 Player의 점유는 9%며, 나
머지는 영세한 공급자에 의존
하고 있음.
• 시장 점유시 경쟁이 치열하
지 않을 것으로 보이며, 조기에
시장 점유를 확대할 수 있음

■ **당사 여건 측면** : 당사의
인적 자원과 판매 채널 강점
을 활용하기 용이하며 대내외
여건이 긍정적임

• 내부적으로 활용 가능 자원

• 고객 Mind share 측면에서
유리한 여건
 - 당사와 본 사업 분야에 대한
 연관성에 대해 높은 반응

제목에서 "신규 시장 진입이 타당한가?"라는 상사의 질문이 제시된다. 헤드 메시지는 이에 대해 "시장의 성장성, 낮은 경쟁 강도, 자사의 기존 자원과 여건 측면에서 타당합니다"라는 답을 제시한다. 즉 제목을 통한 질문은 슬라이드를 통해 답을 얻게 되고, 이 두 가지 요소(제목+헤드 메시지)를 통해 슬라이드의 핵심 메시지가 전달된다.

상사는 결론에 대해 근거가 궁금하다. "왜 그런가(Why so)?"를 묻는다면 본문에 배치된 내용들이 그 답을 제시한다. 시장 측면의 메시지, 경쟁 측면의 메시지, 자사 측면의 메시지는 결론을 충분히 뒷받침할 수 있다. 즉 수직 구조의 뼈대는 두 가지가 존재하는데, 뼈대 1은 제목과 헤드 메시지 사이에 질문과 답의 형태로 존재한다. 뼈대 2는 헤드 메시지와 본문 사이에 'Why so/So what?'의 형태로 존재한다.

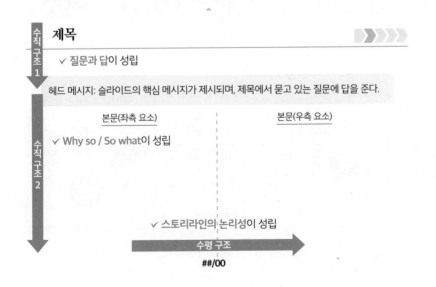

슬라이드 본문 사이의 관계에는 논리적 흐름이 존재한다. 2단 구성이든, 3단 구성이든 좌측, 우측, 중간의 요소 사이에는 보는 사람이 납득할 수 있는 논리적 스토리라인이 존재하게 된다. 이러한 본문 사이의 관계는 좌측의 요소와 우측의 요소가 어떤 관계를 맺고 있는지에 따라 병렬형과 해설형이 있다.

병렬형 구조는 좌측과 우측이 별개의 관계로 존재한다. 병렬형으로 본문을 구성할 경우 기억할 원칙들이 있다.

- **관계** 두 요소 사이에 논리적 연결성이 높지 않지만 형태는 유사하다. 좌측이 표라면 우측도 유사한 표로, 좌측이 도식이면 우측도 도식을 넣어 작성하는 경우가 많다.

- **메시지** 비교나 대조의 내용을 전달할 때 유용하다. 사례 A와 사례 B를 전달하거나 'Before와 After'를 구성하기에 좋다.

- **흐름** 내용을 넣을 때, 좌측에서 우측으로 이동하는 시선의 흐름에 따라 가급적 시간이나 공간 측면에서 선행하는 것을 좌측 공간에 배치한다.

- **헤드 메시지** 헤드 메시지의 내용은 보통 좌측과 우측의 요소들을 귀납적으로 정리한 메시지를 적게 된다.

반면 해설형은 병렬형과 다른 원칙을 따른다.

- **관계**  좌측과 우측은 논리적 스토리로 연결성이 높고, 다른 형태로 제시되는 경우가 많다.

- **메시지와 흐름**  원인과 결과, 원인과 해결안, 자료와 해석 등과 같은 스토리 기반의 자료를 제시하는 경우가 많다. 그러므로 좌측 요소를 기반으로 우측의 요소가 존재한다. 시선의 흐름에 따라 좌측에 원인을 배치하고, 우측에 결과와 해결안을 배치한다. 좌측에 자료를 배치할 경우에는 우측에 해석을 제시한다.

- **헤드 메시지**  상단의 헤드 메시지는 보통 우측 요소를 요약한 내용을 기재한다.

# 명쾌한 숫자 메시지의 전달 1. 표

## 03

"비즈니스 문서에서 숫자는 굉장히 중요한 기능을 한다"라는 표현과 "비즈니스 문장에 숫자를 사용하면 신뢰도가 35% 올라간다"라는 표현 중 어느 것이 구체적인가? 후자의 문장이다. 숫자는 메시지를 구체화하고 신뢰를 높인다. 따라서 숫자를 효과적으로 활용하고 그 메시지를 임팩트 있게 전달하는 것은 보고서의 가치를 높이는 데 중요하다.

조직이나 본인 업무의 성과, 결과물은 형용사의 나열보다는 숫자, 특히 금액으로 표시되는 것이 좋다. 이를 위해 한눈에 이해되는 숫자 메시지로 표현할 필요가 있다. 굳이 설명하지 않아도 무엇을 잘했는지, 어떤 것을 강조하고 싶은지 즉시 파악될 수 있어야 한다. 다음 2단계 절차에 따라 효과적으로 숫자 메시지를 전달할 수 있다.

## 1단계: 무슨 메시지를 전달할 것인지를 정하라

표나 차트에서 상대방에게 꼭 전달해야 하는 메시지를 정해야 한다. 많은 사람이 단순히 표나 차트를 만드는 것에 만족한다. 그러나 표나 차트는 메시지 전달의 도구일 뿐, 메시지 자체가 아니다. 먼저 무엇을 전달할 것인지를 정해야 한다. 작성자가 메시지를 정하지 않고 자료만 나열하는데, 거기서 메시지를 해석해내고 정리해줄 상사는 없다.

## 2단계: 효과적인 메시지 전달 방법을 결정하고 활용하라

상대방에게 메시지를 전달하기에 좋은 수단은 무엇인지를 결정해야 한다. 일반적으로 한두 가지의 메시지에 집중할 때에는 차트를 활용하는 것이 좋다. 자료의 2차 가공이라는 측면에서 원본 자료의 맛은 떨어지지만 핵심 메시지를 전달하기에 유용하다. 반면 구체적인 자료와 함께 다양한 내용을 전달할 때에는 표를 쓰는 것이 좋다. 표와 차트로 수단을 정했다면 메시지의 효과적 전달을 위한 스킬들을 사용해야 한다.

### '표'를 통한 숫자 메시지의 전달

표가 없는 비즈니스 문서는 찾아보기 힘들다. 숫자와 관련한 많은 내용을 상대에게 한눈에 전달할 수 있다는 장점이 있고, 정리된 느낌을 주기 때문이다. 그런데 작성만 한다고 의미가 전달되지는 않는다. 너무 많은 숫자의 행렬 속에서 상대는 무슨 내용을 전달하는지 도대체 감을 잡을 수 없게 된다. 다음의 표에서 작성자가 전달하고자 하는 메시지는 무엇일까?

## 네트워크 장애 불만콜 수 현황

(월 단위 목표 10건 미만, 연 누적 목표 120건 미만)

| 조직 | 1월 | 2월 | 3월 | 4월 | 5월 | 6월 | 7월 | 8월 | 9월 | 10월 | 11월 | 12월 |
|------|-----|-----|-----|-----|-----|-----|-----|-----|-----|------|------|------|
| A팀 | 12 | 12 | 10 | 10 | 6 | 6 | 4 | 4 | 0 | 0 | 0 | 0 |
| 누적 | 12 | 24 | 34 | 44 | 50 | 56 | 60 | 64 | 64 | 64 | 64 | 64 |
| B팀 | 12 | 12 | 12 | 12 | 10 | 10 | 10 | 10 | 8 | 8 | 8 | 7 |
| 누적 | 12 | 24 | 36 | 48 | 58 | 68 | 78 | 88 | 96 | 104 | 112 | 119 |
| C팀 | 16 | 16 | 16 | 15 | 15 | 15 | 14 | 14 | 14 | 14 | 13 | 13 |
| 누적 | 16 | 32 | 48 | 63 | 78 | 93 | 107 | 121 | 135 | 149 | 162 | 175 |

일반적으로 이 표를 보면 '꼼꼼하게 정리했네'라는 인상을 받는다. 그런데 지금 이 상태에서 작성자는 무슨 말을 전달하고 싶을까? 이것을 찾기는 쉽지 않다. 그리고 이 표에 숨겨진 메시지를 읽기 위해서는 상사가 이 표를 공부해야 한다.

이 표는 상사에게 "제가 무슨 말을 하고 싶은지, 알아서 읽으세요! 그 정도는 파악할 수 있죠?"라고 말하는 것과 같다. 대부분 '숫자를 통한' 메시지를 이해하기 쉽지 않다.

자, 이제 이 표를 효과적으로 바꿔보자.

앞에서 언급한 대로 먼저 메시지를 정하라! 그리고 표 앞에 그 메시지를 두괄식으로 전하는 것이 좋다. 상대에게 어떤 메시지를 전하고 싶은가? 상대가 메시지를 파악하기를 원한다면, 먼저 내가 어떤 메시지를 전달하고 싶은지를 정해야 한다.

이 표에서 전달할 메시지를 뽑아보면 다음과 같다.

- 조직별 네트워크 장애 불만 콜 수가 지속적으로 감소했다.
- A팀이 가장 많은 향상을 보였으며, 9월부터는 불만 콜 수가 없다.
- B팀도 연간 누적 목표를 달성했다.
- C팀에 대한 지속적인 개선과 근본 원인 분석이 필요하다.

이제 메시지를 효과적으로 전달하자. 먼저 제목 밑에 메시지를 정리 해주는 것이 좋다. 표의 제목을 보고 상대는 핵심 메시지를 파악할 수 있게 된다. 그리고 다음에 제시되는 표에 메시지의 내용을 시각화해줄 필요가 있다.

## 네트워크 장애 불만콜 수

■ 조직별 네트워크 장애 불만 콜 수가 지속적으로 감소하였으며, A팀과 B팀은 연간 누적 목표를 달성함 (A팀은 9월부터 불만 콜 수가 0 상태임).
  C팀은 누적 목표 미달성으로 지속적인 개선과 장애 발생에 대한 근본 원인 분석이 필요함

(월 단위 목표 10건 미만, 연 누적 목표 120건 미만)

| 조직 | 1월 | 2월 | 3월 | 4월 | 5월 | 6월 | 7월 | 8월 | 9월 | 10월 | 11월 | 12월 |
|---|---|---|---|---|---|---|---|---|---|---|---|---|
| A팀 | 12 | 12 | 10 | 10 | 6 | 6 | 4 | 4 | 0 | 0 | 0 | 0 |
| 누적 | 12 | 24 | 34 | 44 | 50 | 56 | 60 | 64 | 64 | 64 | 64 | 64 |
| B팀 | 12 | 12 | 12 | 12 | 10 | 10 | 10 | 10 | 8 | 8 | 8 | 7 |
| 누적 | 12 | 24 | 36 | 48 | 58 | 68 | 78 | 88 | 96 | 104 | 112 | 119 |
| C팀 | 16 | 16 | 16 | 15 | 15 | 15 | 14 | 14 | 14 | 14 | 13 | 13 |
| 누적 | 16 | 32 | 48 | 63 | 78 | 93 | 107 | 121 | 135 | 149 | 162 | 175 |

## 고수의 표는 생김새부터 다르다

표를 통해 상대에게 메시지를 잘 전달하기 위해 기억해야 할 Tip(팁)이 다르다. 고수는 한 곳이 다르다.

- 좌우의 선을 없앤다. ⇨ 표의 답답함이 한결 사라진다.
- 라인의 굵기를 조절한다. ⇨ 표의 테두리는 보통 1, 내부는 0.5 두께를 사용한다.
- 점선을 활용한다. ⇨ 표의 가로줄을 점선으로 설정하면 내용이 강조된다.
- 헤드라인에 색을 사용해서 강조한다. ⇨ 한눈에 내용 파악이 가능해서, 잘 읽힌다.
- 항목이 많은 경우 음영을 주자. 항목이 많이 있으면, 상대는 줄을 따라가며 내용을 파악하기 쉽지 않다. 이러한 경우 행 구분이 쉽도록 음영을 넣어 구분해주면 좋다.
- 표의 기본이 되는 요소들을 빠뜨리지 말자. 타이틀, 단위, 출처가 없으면 표의 내용 파악이 어려워지고 신뢰도가 저하된다.

# 2가지 표의 비교

### 상반기 주력 제품 판매 추이

(단위: 천개)

|  | A제품 | B제품 | C제품 | 합계 |
|---|---|---|---|---|
| 1월 | 520 | 480 | 150 | 1,150 |
| 2월 | 640 | 500 | 170 | 1,310 |
| 3월 | 320 | 920 | 140 | 1,380 |
| 4월 | 480 | 400 | 190 | 1,070 |
| 5월 | 700 | 520 | 220 | 1,440 |
| 6월 | 550 | 600 | 250 | 1,400 |
| 합계 | 3,210 | 3,420 | 1,120 | 7,750 |

### 상반기 주력 제품 판매 추이

(단위: 천개)

|  | A 제품 | B 제품 | C 제품 | 합계 |
|---|---|---|---|---|
| 1월 | 520 | 480 | 150 | 1,150 |
| 2월 | 640 | 500 | 170 | 1,310 |
| 3월 | 320 | 920 | 140 | 1,380 |
| 4월 | 480 | 400 | 190 | 1,070 |
| 5월 | 700 | 520 | 220 | 1,440 |
| 6월 | 550 | 600 | 250 | 1,400 |
| 합계 | 3,210 | 3,420 | 1,120 | 7,750 |

좌측의 표에 비해 우측 표는 시각적으로 보기 편하다. 좌우의 선을 없앴고, 헤드라인과 합계 행에 색을 사용해서 강조했다. 또한 항목에 음영을 주어 메시지의 파악이 용이하다.

# 명쾌한 숫자 메시지의 전달 2.
# 차트

## 04

숫자 메시지를 전달할 때 차트는 많은 메시지보다는 한두 가지 정도의 메시지를 전달하는 데 효과적이다. 표가 내포하고 있는 여러 메시지 중에서 특정한 것을 뽑아서 시각화한 것이 차트이기 때문이다. 전달할 수 있는 의미의 양이 제한되어 있는 반면, 메시지의 전달 효과는 매우 우수하다. 이를 위해서는 메시지의 유형과 차트의 종류에 대한 고민이 필요하다. 그리고 메시지를 돋보이게 할 수 있는 몇 가지 주의 사항이 있다.

## 차트(그래프)의 활용

메시지의 유형에 따라 적합한 차트가 있다. 메시지와 무관한 차트를 사용할 경우 상대방은 오히려 더 헷갈리게 된다. 메시지에 맞는 차트의 활용 방법은 다음과 같다.

## 우선 메시지를 정하라

숫자로 나타난 결과물 중에서 어떤 메시지를 전달하고 싶은지 결정하라. '우리가 1등이라는 것'을 전달할 것인지, '전년 대비 50% 성장한 것'을 전달하고 싶은 것인지, '우리 제품 중 A제품의 판매가 감소하는 추세다'라는 것을 전달하고 싶은 것인지 정해야 한다.

## 메시지를 정했다면, 비교 유형을 정하라

### 중요한 점은 비교 유형에 따라 그래프가 정해진다는 것이다

숫자를 통해 전달되는 메시지는 그 내용에 따라 비교 유형으로 분류해볼 수 있다. 비교 유형은 크게 다섯 가지(항목, 구성, 시간추이, 도수분포, 상관관계)가 있다. 이 비교 유형에 따라 적합한 차트가 있는데, 메시지와 차트는 궁합이 맞아야 한다.

- 항목 비교  대상들의 순위를 비교하는 것이다. 예를 들면 대상들이 동등한가? 또는 더 많은가 등을 비교하게 된다.

   예) 7월 제품 A의 판매는 B/C/D보다 많았다.

   5개 게임 업체의 성장률은 거의 비슷하다.

**➡ 추천 차트: 막대(Bar)그래프**

항목 비교는 막대그래프를 활용하는 것이 좋다. 특히 세로 막대그래프보다는 가로 막대그래프가 적절하다. 세로 막대그래프의 경우 항목의 이름이 길 경우 표기가 어렵고, 시계열상 흐름이 있는 것으로 느껴질 가능성이 있기 때문이다.

## 가로 막대 그래프

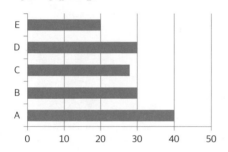

- **구성 비교** 비율과 같은 구성비를 표현하는 내용이다. '전체에서 몇 %를 차지하고 있다'와 같이 각 부분의 크기를 백분율로 보여준다.
  예) 금년 우리 회사의 시장점유율은 25%이다.
  우리 그룹의 30% 는 이 안건에 대해 '적극 찬성'을 표시했다.

**➡ 추천 차트: 원(Pie)그래프, 백분율 막대그래프**

원그래프는 한눈에 각 구성 요소 간의 차이를 보여줄 수 있기 때문에 구성 비교의 메시지에 주로 사용한다. 작성할 때 제일 중요한 부분이 12시 방향에 정리되는 것이 좋고, 중요도의 차이가 없다면 큰 것부터 작은 것으로 나열하는 것이 좋다. 일반적으로 구성 인자는 5개 이내로 표시하며, 5개를 넘는 경우 소항목들을 '기타'로 묶어 정리하는 것이 좋다.

또한 한눈에 여러 구성 인자를 비교하기 위해서는 백분율 막대그래프를 활용하는 것이 좋다. 여러 구성 인자에 관련된 내용을 쉽게 파악할 수 있다.

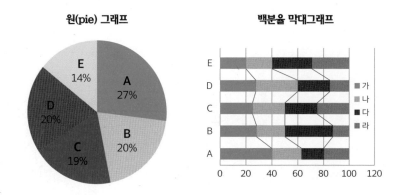

원(pie) 그래프 　　　　 백분율 막대그래프

- **시간 추이 비교** 시간에 따라 대상이 어떻게 바뀌고 있는지를 표시해 준다. 일정 기간에 걸쳐 증가하고 있는지, 감소하는지 또는 정체하고 있는지의 메시지를 전달한다.

예) 게임업계는 지난 10년간 매년 10% 이상씩 성장해왔다.

　 A 상품의 매출이 1월 이후 꾸준히 증가하고 있다.

**➡ 추천 차트: 꺾은선 그래프, 세로 막대그래프**

시간 추이의 모습을 보여주기에는 꺾은선과 세로 막대그래프가 적절하다. 만약 항목의 수가 많거나 장기적인 추세를 보여주려고 한다면 꺾은선 그래프가 좋다. 항목의 수가 7개 이하라면 세로 막대그래프가 적절하다.

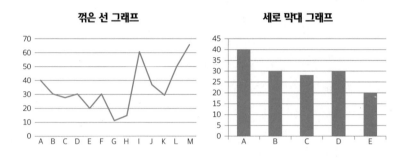

• **도수 분포 비교**　항목이 주어진 통계적 범위(구간)에 속해 있는가를 보여준다.

예) 연봉 3,000만 원에서 3,500만 원 사이의 직원이 가장 많다.

우리 회사 이직의 대부분은 입사 3년에서 5년 차 사이에서 발생한다.

**➡ 추천 차트: 꺾은선(Line) 그래프, 세로 막대그래프**

도수 분포 비교의 메시지를 전달하는 데 유용한 것은 꺾은 선 그래프와 세로 막대그래프이다. 만약 항목의 수가 많다면 꺾은 선 그래프가 적합하다. 항목의 수가 7개 이하라면 세로 막대그래프가 효과적이다.

• **상관성 비교**  항목 간의 상관관계를 보여주는 사항이다. 두 변수 사
  이에 관계가 있는지의 메시지를 보여준다.

  예) 신입직원의 입사 성적과 업무 성적은 별 관계가 없는 것으로 파
      악된다.

      해외 영업직의 경우, 근무 기간과 외국어 점수 사이에 일정 관
      계가 있다.

➡ **추천 차트: 점(Scatter)그래프, 가로 막대그래프**

항목 간의 상관성을 보여주는데 유용한 것이 점그래프와 가로 막
대그래프다. 항목 간에 상관성이 있을 경우 점그래프에서는 일정
한 추세선이 생기게 된다. 또한 가로 막대그래프에서는 우측 그래
프와 좌측 그래프 사이에 일정한 관계가 나타나게 된다. 항목의 수
가 많을 때에는 점그래프가 적절하다.

**입사 성적과 업무 성과**

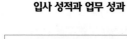

**Pair bar 그래프**

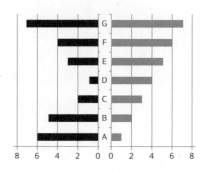

# 차트(그래프) 고수가 되기 위한 팁

숫자의 메시지를 정하고 비교유형을 결정하면, 자연스럽게 차트의 선택까지 이어지는 것은 앞에서 살펴본 바와 같다. 여기서는 차트를 그릴 때 유의해야 할 팁들을 살펴보자. 약간의 세부사항만 더해도, 메시지가 강력해진다.

차트를 그릴 때 상대에게 전할 메시지를 명확하게 제시하라. 상대방이 읽어낼 것이라고 기대하지 말고, 떠 먹여주어야 한다. 이왕이면 두괄식으로 작성하라. 정리된 핵심 메시지를 먼저 읽고 차트를 보게 된다면 상대방은 더 쉽고 빠르게 이해할 것이다.

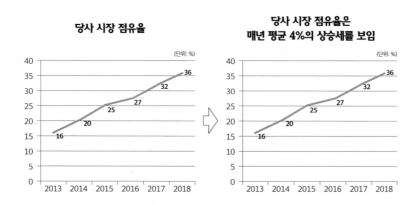

차트를 그렸을 때, 핵심 메시지의 전달과 관련된 사항은 별도의 보조선, 화살표, 색 등을 사용하여 시각화해주는 것이 좋다. 이를 통해 상대

는 더욱 명확하게 핵심 내용을 이해할 수 있다.

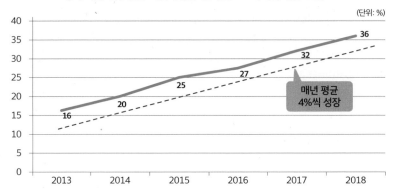

또는 단순한 것을 추구하는 상사라면 이처럼 핵심 메시지만 부각시킬 수도 있다.

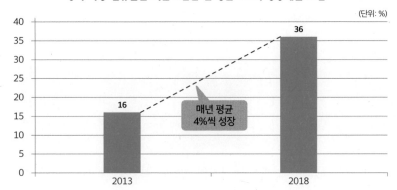

그 밖에 차트를 다룰 때, 특별히 수치는 그래프 안에 표시하는 것이 좋다. 물론 상황에 따라 그래프 밖으로 빼서 점선으로 연결하는 경우도 있지만, 바로 내용을 이해하는 즉해성이 떨어진다. 또한 가급적 데이터의 출처도 명시한다. 그래프는 수치를 가공해서 전달하고 싶은 메시지 중심으로 표현한다. 때문에 원 자료(Raw data)를 표시한다면 더욱 신뢰성을 줄 수 있다.

# 명쾌한 개념 메시지의 전달, 도식화

숫자 메시지를 전달하기 위해서는 차트와 표가 좋다. 반면에 숫자로 표현하기 힘든 개념적(비수량적) 메시지를 전달하기 위해서는 문장과 도식화가 필요하다. 작은 공간에 많은 내용을 전달해야 하는 제약 조건상 한 페이지 문서에서는 주로 문장을 활용해서 개념적 메시지를 전달한다. 그러나 문장과 도식화를 병행해서 활용한다면 메시지 전달 측면에서 더욱 효과적이다.

도식화를 통하면 다음과 같은 장점을 잘 살릴 수 있다.

- 텍스트보다 메시지가 한눈에 잘 들어온다.
- 메시지가 간결하게 정리된다.
- 메시지와 관련된 이미지(단계, 흐름, 원인/결과, 변화, 관계, 침투)를 활용하게 되므로, 이해가 더욱 쉬워진다.

또한 텍스트를 정리하는 좌뇌의 논리적 사고와 정보의 영상화를 처리하는 우뇌의 직감적 사고를 동시에 활용하기 때문에 읽는 사람이 더욱 입체적으로, 빠르게 내용을 이해할 수 있다.

그렇다면 메시지를 효과적으로 전달하기 위해 개념적 메시지를 도식화 하는 방법을 살펴보자.

### 상대를 난감하게 하는 도식화의 모습

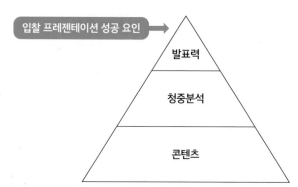

도식화를 위한 첫 단계는 먼저 전달하고 싶은 메시지를 문장으로 정리하는 것이다. 어떤 내용을 말하고 전달하고 싶은지 먼저 적어야 한다. 정리하지 않고 느낌만으로 도식화하다 보면 정말 열심히 만들었는데 전달하려는 메시지와 전혀 무관한 결과물이 나올 수 있다.

예를 들어, "이번 입찰 프레젠테이션을 성공적으로 하기 위해서는 충실한 콘텐츠와 청중 분석, 발표력이 필요합니다"라는 메시지를 전달하기 위해 피라미드형 도식으로 자료를 만들었다. 하지만 상대방은 도대체 이 도식과 메시지가 어떤 연관성을 지니고 있는지 이해하기 어렵다. 좌뇌는 '세 가지의 구성 요소가 중요하다'라고 읽는데, 우뇌는 계층화된 위계로 읽는다. 때문에 좌뇌와 우뇌의 메시지가 통합되지 않는다.

메시지에 맞는 도식을 그려내기 위해서는 메시지의 유형을 이해해야 한다. PPT를 활용해서 이러한 도식을 만든다면 MS오피스는 이러한 유형별 메시지를 도식화할 수 있는 도구로 스마트아트(Smart art)라는 기능을 제공하고 있다. 이 기능을 보면 목록, 프로세스, 주기, 계층 구조, 행렬, 관계, 피라미드, 그림이라는 8개의 유형으로 제시되고 있고, 이 유형들을 통해 대부분의 개념 메시지를 쉽게 표현해낼 수 있다.

- **프로세스** 구성 요소의 시간적 흐름, 단계적 흐름에 따라 내용을 제시하는 메시지

- **주기** 요소의 관계가 일정한 흐름, 순환의 관계를 가지고 있음을 보여주는 경우

- **목록** 구성 요소의 관계보다는 요소 자체를 제시하는 메시지

- **계층 구조** 요소들의 수직적·수평적 관계를 보여주고 싶은 메시지

- **행렬** 목록들의 내용을 매트릭스화해서 정리할 수 있는 메시지

- 피라미드 조직 구조와 수직적 위계와 관련된 제시할 때 사용하는 메시지

- 관계 긍정과 부정 관계, 균형 관계, 집중 관계, 대립 관계, 확산과 축소 관계 등

그리고 이러한 분류 체계에 담아낼 수 없는 메시지를 위해 제8요소인 그림을 사용할 수 있다.


## 도식화 연습: 메시지 – 유형 이해 – 시각화

먼저 도식화 연습을 해보자. 작성된 메시지들을 살펴보고 유형을 정리해보자. 그리고 어떻게 시각화하면 좋을지 그려보자.


- 이번 교육은 사전 진단 → 과정 설계 → 교육 → 사후 평가 → 현장 적용성 진단이라는 5단계에 걸쳐 진행할 것입니다.
- 시장 환경 분석을 위해서는 고객, 경쟁사, 자사의 세 가지 요소로 점검해야 합니다.
- 조직 진단 결과 경영진의 관심은 장기 비전, 관리자는 팀 목표 달성, 실무자는 복지 향상에 있는 것으로 파악되었습니다.
- 고성과자가 되기 위해서는 수준 높은 업무 스킬, 적극적 자세, 지속

적 지식 수준의 제고가 필요합니다.

· ## 지역은 풍부한 관광 자원, 접근의 편의성 제고, 여행 인구 증가라는 사회 트렌드에 맞물려 지가가 지속 상승하고 있습니다.

· 본 제도의 시행 관련 찬성하는 사람들은 직원 복지 향상, 업무 능률 향상을 주장하고 있고 반대하는 사람들은 비용의 증가, 관리의 어려움을 주장하고 있습니다.


**이렇게 표현하자!**

· 금번 교육은 사전 진단 → 과정 설계 → 교육 → 사후 평가 → 현장 적용성 진단이라는 5단계에 걸쳐 진행할 것입니다.

→ 프로세스 유형이며, 수평적 흐름이 적합하다. 제공되는 프로세스 시각화 모델에서 선택해서 도식화

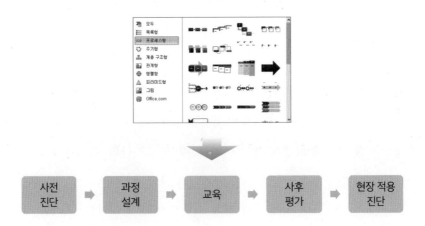

· 시장 환경 분석을 위해서는 고객, 경쟁사, 자사의 세 가지 요소로

점검해야 합니다.

　→ 목록 유형이며, 각각의 내용에 중점을 둘 것인지, 시장 환경 구

　　성이라는 측면에 중점을 둘 건지에 따라 다르게 도식화

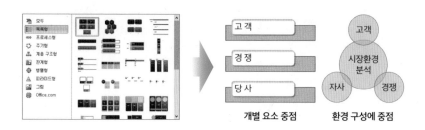

　　　　　　　　　　　　개별 요소 중점　　　　환경 구성에 중점

· 조직 진단 결과 경영진의 관심은 장기 비전, 관리자의 관심은 팀 목

표 달성, 실무자는 복지 향상에 있다고 파악되었습니다.

　→ 경영진, 관리자, 실무자라는 위계 구조의 내용으로 도식화

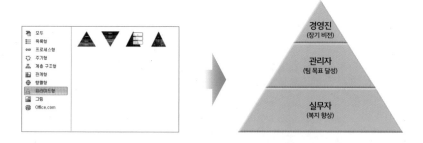

・고성과자가 되기 위해서는 수준 높은 업무 스킬, 적극적 자세, 지속

적 지식 수준의 제고가 필요합니다.

→ 세 가지 요소가 함께 작용해야 하므로 관계형으로 표현한다.

세 가지가 맞물려서 고성과가 된다는 점을 강조하는 도식화

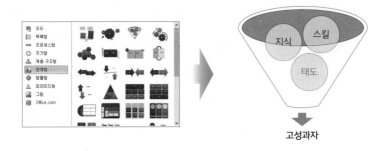

고성과자

・## 지역은 관광 자원, 접근의 편의성 제고, 여행 인구 증가에 맞물

려 지가가 지속 상승하고 있습니다.

→ 관계형 메시지, 세 가지 요소가 지가 상승을 야기한다는 점에서

집중형 도식화

• 본 제도의 시행을 찬성하는 사람들은 직원 복지 향상, 업무 능률 향상을 주장하고 있다. 반대하는 사람들은 비용의 증가, 관리의 어려움을 주장하고 있다.

→ 관계형 메시지, 찬성·반대의 상반된 입장을 중심으로 도식화

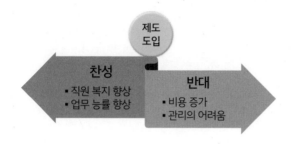

이러한 도식화에서 가장 중요한 요소를 꼽는다면 '메시지의 작성'이다. 메시지가 있어야 유형이 결정되고, 그에 맞는 시각화가 가능하기 때문이다. 따라서 무작정 그림을 그리기 전에 먼저 문장을 써라. 그리고 그 문장에서 도식화를 시작하는 것이 가장 효과적인 절차가 될 것이다. 우리는 그림을 그리는 것이 아니라, 문서를 만드는 것이기 때문이다.

# PPT 작업,
# 이것만 알아도 시간을 반은 줄일 수 있다

축지법(縮地法) 땅을 줄여서 먼 거리를 가깝게 하는 술법

축지법을 쓸 수 있다면, 남보다 먼 거리를 빨리 이동할 수 있다.

실제로 축지법을 써서 걷는 것은 전설 속에나 나오는 얘기처럼 현실화가 어렵지만, 업무상 축지법은 가능하다. 특히 PPT 작업에서 몇 가지 기능만 알고 활용해도, 축지법을 쓰는 것처럼 업무 완성이라는 결과물로 빨리 이동할 수 있다.

## 1. 빠른 도구 모음 추가

PPT 작업을 위해 상단에 메뉴를 구성해 둘 수 있는 공간이 있다. 바로 빠른 도구 모음이다. 이곳에 내가 자주 쓰는 기능들을 모아두면, 일일이 찾지 않아도 쉽게 기능을 실행할 수 있다.

이렇게 추가해둔 도구들은 단축키로 실행할 수 있다. 예를 들어 지금 그림상에서 5번째 위치한 것은 '글자 크기 크게'이고, 6번째 위치한 것은 '글자 크기 작게'다. 이런 경우 Alt+5를

누르면 글자 크기를 크게 할 수 있고, Alt+6를 누르면 글자크기를 작게 할 수 있다. 이렇게 자신의 작업 환경을 설정해 둔다면, 별도의 단축키를 외우지 않아도, 많은 기능을 실행할 수 있다.

## 2. 기본 도형 / 기본 선 설정

의외로 많은 사람이 모르고 있는 것 중에 기본 도형 설정이 있다. 기본 도형을 설정하면 작업 내내 그리는 모든 도형의 기본 글꼴, 색상, 디자인을 정할 수 있어서 편하다. 이를 위한 단계는 간단하다.

[원하는 도형을 그린다. → 도형을 선택하고 마우스 오른쪽 클릭 → 기본 도형 설정 선택]

이후에 그리는 모든 도형은 설정한 도형의 패턴과 같게 만들어 진다.

## 3. 글꼴 바꾸기 / 바꾸기

텍스트의 글꼴을 원하는 대로 한꺼번에 바꿀 수 있는 기능이 있다.

[홈탭 → 바꾸기 오른쪽 화살표 누르기 → 글꼴 바꾸기 클릭 → 현재 글꼴과 새 글꼴 선택]

이를 통해 자료에 있는 글꼴들을 한 번에 바꿀 수 있다. 특히 가독성을 위해 명조 계열로 시각 자료를 만들었다가, 가시성 좋은 자료로 만들고자 할 때 유용하게 활용할 수 있다.

## 4. 알아두면 유용한 작업의 단축키

작업을 빠르게 하기 위해 이 정도의 단축키는 외워두고 즐겨 사용하자. 작업이 점점 빨라지게 될 것이다.

Ctrl + Shift + C [서식 복사] 원하는 서식을 복사한다.

Ctrl + Shift + V [서식 붙여넣기] 복사한 서식을 특정한 대상에 적용시킬 수 있다.

Ctrl + G [그룹 묶기] 대상들을 하나의 그룹으로 묶는다.

Ctrl+ Shift + G [그룹 풀기] 묶었던 그룹을 풀어놓는다.

Alt + Tab [화면전환] 화면을 전환하여 다른 창으로 이동시킨다.

Ctrl + Y [동일 작업 반복] 직전의 작업을 동일하게 반복한다.

Shift + Enter [별도의 기호 없이 줄 바꿈] 기호 없이 새로운 줄로 바꿔준다.

Tab [수준 낮추기] 텍스트의 수준을 낮춰주어 우측으로 이동시킨다

Shift + Tab [수준 높이기] 텍스트의 수준을 높여주어 좌측으로 이동시킨다.

Ctrl+T [텍스트 상자 띄우기] 화면에 텍스트 편집과 관련된 상자를 띄워준다.

Ctrl + [ [텍스트 크기를 작게] 텍스트 크기를 작게 조정해 준다.

Ctrl + ] [텍스트 크기를 크게] 텍스트 크기를 크게 조정해 준다.

단축키를 한 번에 다 외우는 것은 쉽지 않다. 또 시험 보듯이 외우는 것은 도움이 안 된다. 작업을 할 때, 하나씩 하나씩 외워서 바로 활용해보자. 작업은 머리로 익히는 것이 아니라 몸이 익히는 것이다.

이 외에도 PPT의 기능은 다양하다. PPT 관련 책을 가까이 하고, 매번 새로운 기능들을 한 가지씩 연습하자. 업무의 축지법으로 당신의 퇴근 시간을 당길 수 있을 것이다.

# 성장하는 느낌이 들면
# 보고서 작성이 재미있다

'십반려', 현장의 직원에게 전해들은 한 상사의 별명이다. 기안 내용에 대해 보통 열 번은 반려한다고 해서 붙여진 별명이다. 이런 상사를 모시고 있다면, 어느새 생각이라는 게 사라진다. 써도써도 쉽게 통과되지 않는 문서를 들고 왔다 갔다 하다 보면 지식 근로는 고사하고, 어느새 나는 누구인지 여기는 또 어디인지 헷갈리는 상황에 맞닥뜨리게 된다. 그리고는 매번 상사의 뒷담화로 쓰린 속을 달래는 자신을 만나게 된다. 굳이 '십반려'까지는 아니지만 많은 직장인이 이런 상사를 매일 만나고 있다. 상사를 탓하는 것은 편하지만 성장도 없고 재미도 없다.

성장하고 싶다면, 나의 문서에는 어떤 결함이 있는지 물어볼 필요가 있다. 상사가 무엇을 보고 있는 것인지, 상사가 어떤 것을 요구하는지 확인하고 알아야 한다. 그리고 그런 상사의 요구 조건을 반영하고 변화하는 모습을 보일 필요가 있다.

현장에서 나오는 상사의 대표적 불평은 이 책의 처음에 언급했다. 그렇다면 이제 그 불평, 즉 상사의 조건을 어떻게 나의 문서에 반영할지에 대한 답을 정리할 순간이다. 지금까지 나왔던 내용(별도의 괄호로 표시한 내용)을 기억하면 상사의 조건을 충족시킬 답을 찾을 수 있다.

**"야! 내가 시킨 건 이게 아니잖아. 넌 내 말을 뭘로 듣는 거야!"**

→ 상사의 지시를 받을 때 넛지의 습관을 익힌다. 상사에 대한 A.S.K 분석을 한다(Chapter 2. 02, 03, 05).

**"이거 왜 가지고 왔어? 다른 방법은? 왜 이렇게 단세포적이야!"**

→ 문서의 목적을 명확하게 작성한다. 상사가 아예 모를 때는 배경을 깊이 있게 쓴다(Chapter 2. 04).

**"뜬 구름 잡지 말고… 좀 구체적으로 얘기를 해봐. 왜 헛소리야!"**

→ 주장, 결론, 핵심 메시지의 근거를 준비한다. 근거는 MECE하게
  정리한다(Chapter 2. 07, 08).


**"그래서 나한테 어쩌라고? 어쩔건데?"**

→ 실행안의 조건(현실성과 효과성)을 확인한다. P.A.G.E가 논리적으로
  일관성을 지니게 한다(Chapter 2. 10, 11).


**"이거 하면 어떻게 되는데? 열심히 하겠다는 거 말고 구체적으로 뭐
가 어떻게 되는 거야?"**

→ 목적과 목표의 관계를 확인한다. 목표가 네 가지 조건을 만족시키
  는지 확인한다(Chapter 2. 09, 11).


**"도대체 하고 싶은 말이 뭐야?"**

→ 피라미드를 통해 문서의 논리적 목차를 구성하고, 두괄식 메시지
  를 작성한다(Chapter 3. 전체, Chapter 4. 02, 04).

**"이거 한국말 맞아? 읽어도 무슨 말인지 모르겠잖아!"**

→ 상대가 쉽게 이해할 수 있도록 대화식 문장과 마이크로 피라미드

　를 확인한다(Chapter 4. 05, 06, 07).


**"무슨 숫자가 이렇게 복잡해! 결론적인 내용이 뭐야?"**

→ 숫자 메시지 전달을 위한 표, 차트를 효과적으로 활용한다

　(Chapter 5. 03, 04, 05).


**"좀 한눈에 들어오게 하면 안 되냐?"**

→ 슬라이드의 원리를 활용하고, 도식화를 통해 개념 메시지를 명확

　하게 전달한다(Chapter 5. 01, 02, 05).



　상사의 조건을 확인하고, 문서에 반영해보자. 수준 높은 문서를 작성하기 위해 노력하는 부하 직원의 고민을 인지하게 되는 순간, 상사의 잔소리는 분명 줄어들 것이다.

지식 근로자의 일은 생각이다. 그리고 문서는 생각을 전달하고 보여줄 수 있는 완벽한 도구다. 생각을 펼쳐두고, 생각을 쌓고, 생각의 구조를 만드는 작업은 우리가 할 수 있는 가장 즐거운 놀이가 될 수 있다. 그리고 제법 괜찮아 보이는 문서를 만들거나, 이전보다 좀 더 나아진 자신의 모습을 보게 되면 성장했다는 느낌을 받게 된다. 상사의 칭찬이 없어도 뿌듯하다. 일터의 현장에서 만나게 되는 문서 업무를 통해 매 순간 자신을 키워나가자.

그 걸음을 응원한다. 진심 담아….

상사 취향 저격,
한 페이지 보고서 · 기획서 작성법

**초판 1쇄 발행** 2020년 1월 30일
**초판 3쇄 발행** 2022년 3월 10일

**지은이** 김용무
**펴낸이** 이지은
**펴낸곳** 팜파스
**기획 · 진행** 이진아
**편집** 정은아
**표지 디자인** 어나더페이퍼
**디자인** 박진희
**마케팅** 김민경, 김서희

**출판등록** 2002년 12월 30일 제10-2536호
**주소** 서울시 마포구 어울마당로5길 18 팜파스빌딩 2층
**대표전화** 02-335-3681    **팩스** 02-335-3743
**홈페이지** www.pampasbook.com | blog.naver.com/pampasbook
**페이스북** www.facebook.com/pampasbook2018
**인스타그램** www.instagram.com/pampasbook
**이메일** pampas@pampasbook.com

값 16,000원
ISBN 979-11-7026-318-0  13320

이 도서의 국립중앙도서관 출판예정도서목록(CIP)은 서지정보유통지원시스템 홈페이지
(http://seoji.nl.go.kr)와 국가자료공동목록시스템(http://www.nl.go.kr/kolisnet)에서
이용하실 수 있습니다.(CIP제어번호: CIP2019051529)